Повести

Евгений Замятин

Повести

ISBN: 978-1-64439-827-2

СОДЕРЖАНИЕ

СОДЕРЖАНИЕ

НА КУЛИЧКАХ

1

Божий зевок

Есть у всякого человека такое, в чем он весь, сразу, чем из тысячи его отличишь. И так же у Андрея Иваныча — лоб: ширь и размах степной. А рядом нос — русская курнофеечка, белобрысые усики, пехотные погоны. Творил его Господь Бог, размахнулся: лоб. А потом зевнул, чего-то скушно стало — и кой-как, тяп-ляп, кончил: сойдет. Так и пошел Андрей Иваныч с Божьим зевком жить.

Вздумал прошлым летом Андрей Иваныч — в академию готовиться. Шутка ли сказать: на семьдесят рублей одних книг накупил. Просидел над книгами все лето — и случилось в августе на Гофманский концерт попасть. Господи Боже мой: сила какая. Куда уж там академией заниматься: ясное дело — быть Андрею Иванычу Гофманом. Недаром же все в полку говорили: так Андрей Иваныч играет Шопеновский похоронный марш — без слез слушать нельзя.

Под диван все книги академические, взял учительницу, засел Андрей Иваныч за рояль: весной в консерваторию поедет.

А учительница — светловолосая, и какие-то у ней особенные духи. Вышло: вовсе не музыкой занимался с ней Андрей Иваныч всю зиму. И пошла консерватория прахом.

Что же, так теперь и прокисать Андрею Иванычу субалтерном в Тамбове каком-то? Ну, уж это шалишь: кто-кто, а Андрей Иваныч не сдастся. Главное — все сначала начать, все старое — к чорту, закатиться куда-нибудь на край света. И тогда — любовь самая настоящая, и какую-то книгу написать — и одолеть весь мир...

Так вот и попал Андрей Иваныч служить — на край света, к чертям на кулички. Лежит теперь на диване — и чертыхается. Да как же, ей Богу: третий день приехал — и третий день от тумана не продохнуть. Да ведь какой туман-то: оторопь забирает. Густой, лохматый, как хмельная дрема — муть в голове — притчится какая-то несуразная нелюдь — и заснуть страшно: закружит нелюдь.

Хоть какого-нибудь человечьего голоса захотелось — навождение свалить. Кликнул Андрей Иваныч денщика.

— Эй, Непротошнов, на минутку!

Как угорелый, влетел денщик и влип в притолку.

— Скушно у вас, Непротошнов: туман-то, а?

— Н-не могу знать, ваше-бродие...

"Фу ты, Господи: какие глаза рыбьи. Но можно же его чем-нибудь"... — Ну что, Непротошнов, через год домой, а?

— Так тошно, ваше-бродие.

— Жена-то есть у тебя?

— Так тошно, ваше-бродие.

— Небось, по ней соскучился? Соскучился, говорю, а?

Что-то тускло мигнуло в Непротошнове.

— Как оная, есть конкурент моей жизни, жена-то... то я... и потух, спохватился, вытянулся Непротошнов еще больше.

— Да что: разлюбил, что ли? Ну?

— Н-не могу знать, ваше-бродие...

"О, ч-чорт... Ведь вот: был, наверно, в деревне — первый гармонист, а теперь — рыбьи глаза. Нет, надо будет от него отвязаться"... — Ладно. Иди к себе, Непротошнов.

Отвалился Андрей Иваныч к подушке. В окно полз туман лохматый, ватный: ну просто не продыхнуть.

Перемогся — и хоть с храпом — а продыхнул Андрей Иваныч, и сам же услышал свой храп: заснул.

"Батюшки, что же это я — среди бела дня сплю..."

Но запутал туман паутиной — и уж не шевельнуть ни рукой, ни ногой.

2

Картофельный Рафаэль

— Их преосходительства господина коменданта нету дома.

— Да ты, братец, узнай хорошенько. Скажи, мол, поручик Половец. Половец, Андрей Иваныч.

— Полове-ец?

У денщика генеральского — не лицо, а начищенный

самовар медный: до того круглое, до того лоснится. И был себе самовар заглохший, а тут вдруг начал пузыриться, закипать:

— Полове-ец? Ах-и-батюшки, позабыл я, дома они. Половец — ну как же: — дома, пожалте. Только заняты малость.

Денщик отворил из сеней дверь налево. Андрей Иваныч нагнулся, вошел. "Да нет... да может, не туда?"

Дым коромыслом, чад, суета, шипит что-то, луком жареным пахнет...

— Кто та-ам? Поближе, поближе, не слы-ы-шу!

Андрей Иваныч шагнул поближе:

— Честь имею явиться вашему превосходительству...

Да чорт-те возьми: да уж он ли это, генерал ли? Передник кухарский и беременное пузо, подпертое коротышками-ножками. Голая, пучеглазая, лягушачья голова. И весь разлатый, растопыренный, лягва огромадная, — может под платьем-то и пузо даже пестрое, бело-зелеными пятнами.

— Явиться? Гм, хорошее дело, хорошее дело... офицеров у меня мало. Запивох — это сколько угодно, — буркнул генерал.

И опять занялся своим делом: тонкими на диво ломтиками кромсал крупичатый белый картофель. Нарезал, вытер фартуком руки, сигнул бочком к Андрею Иванычу, уставился, обглядел и закричал сердито, снизу откуда-то, как водяной из бучила:

— Ну, что за нелегкая сюда занесла? Майн-Ридов начитался, а? Сидел бы себе, голубеночек, в России, у мамаши под подолом, чего бы лучше. Ну что, ну зачем? Возись тут потом с вами!..

Андрей Иваныч оробел даже: уж очень сразу наскочил генерал.

— Я, ваше превосходительство... Я в Тамбове... А тут, думаю, море... Китайцы тут...

— Ту-ут! Едут сюда, думают тут...

Но не кончил генерал: зашипело что-то на плите предсмертным шипом, закурился пар, паленым запахло. Мигом генерал пересигнул туда и кого-то засыпал, в землю вбил забористой руганью.

Тут только оглядел Андрей Иваныч поваренка-китайца в синей кофте-курме: стоял он перед генералом, как робкий звереныш какой-то на задних лапках.

— Р-раз, — и чмокнулась в поваренка звонкая оплеуха.

А он — ничего: потер только косые свои глаза кулачками, чудно так, быстро, по-заячьи.

Отдувался генерал, плескалось под фартуком его пузо.

— Уф-ф! Замучили, в лоск. Не умеют, ни бельмеса не

3

смыслят: только отвернись — такого настряпают... А я смерть не люблю, когда обед так вот, шата-валя, без настроения варганят. Пища, касатик, дар Божий... Как это, бишь, учили-то нас: не для того едим, чтобы жить, а для того живем, чтобы... Или как бишь?

Андрей Иваныч молча во все глаза глядел. Генерал взял салфетку и любовно так, бережно, перетирал тонкие ломтики картофеля.

— Картошка вот, да. Шваркнул, мол, ее на сковородку и зажарил, как попало? Вот... А которому человеку от Бога талант даден, тот понимает, что в масле ни в ко-ем слу-чае... Да в масле? Да избави тебя Бог! Во фритюре — обязательно, непременно, запомни, запиши, брат — во фритюре, раз-на-всегда.

Генерал взял лимон, выжимал сок на ломтики картофеля, Андрей Иваныч насмелел и спросил:

— А зачем же, ваше превосходительство, лимон?

Видимо, пронзило генерала такое невежество. Отпрыгнул, орет откуда-то снизу — водяной со дна из бучила:

— Ка-ак зачем? Да без этого ерунда выйдет, профанация. А покропи, а сухо-на-сухо вытри, а поджарь во фритюре... Картофель a la lyona se — слыхал? Ну, куда-а вам! Сокровище, перл, Рафаэль! А из чего? Из простой картошки, из бросовой вещи. Вот, миленок, искусство что значит, творчество, да...

"Картошка, Рафаэль, что за чушь! Шутит он?" — поглядел Андрей Иваныч.

Нет, не шутит. И даже — видать еще вот и сейчас — под пеплом лица мигает и тухнет человечье, далекое.

..."Пусть картофельный, — хоть картофельный Рафаэль".

Андрей Иваныч поклонился генералу, генерал крикнул:

— Ларька, проводи их к генеральше. До свидания, голубенок, до свидания...

Бывают в лесу поляны — порубки: остались никчемушние три дерева, и от них только хуже еще, пустее. Так, вот, и зал генеральский: редкие стулья; как бельмо — на стене полковая группа. И как-то некстати, ни к чему, — приткнулась генеральша посередь зала на венском диванчике.

С генеральшей сидел капитан Нечеса. Нечесу Андрей Иваныч уже знал: запомнил еще вчера всклоченную его бороду в крошках. Поклонился генеральше, поцеловал Андрей Иваныч протянутую руку.

Генеральша переложила стаканчик с чем-то красным из левой руки опять в правую и сказала поручику, однотонно, глядя мимо:

4

— Садитесь, я вас — давно — не видала.

..."То есть как — давно не видала?"

И сразу сбила с панталыку Андрея Иваныча, выскочила из головы у него вся приготовленная речь.

Капитан Нечеса, кончая какой-то разговор, пролаял хрипло:

— Так вот-с, дозвольте вас просить — в крестные-то, уж уважьте...

Генеральша отпила, глаза были далеко — не слыхала. Сказала — ни к селу, ни городу — о чем-то о своем:

— У поручика Молочки пошли бородавки на руках. Кабы еще на руках, а то по всему по телу... Ужасно неприятно — бородавки.

Как сказала она "бородавки" — так за спиной у Андрея Иваныча что-то шмыгнуло, фыркнуло. Оглянулся он — и увидал позади, в дверной щели, чей-то глаз и веснущатый нос.

Капитан Нечеса повторил умильно:

— ...Уважьте — в крестные-то!

Должно быть теперь услыхала генеральша. Засмеялась невесело, треснуто — и все смеется, все смеется, никак не перестанет. Еле выговорила, к Андрею Иванычу обернувшись:

— Девятым, разрешилась капитанша Нечеса, — девятым. Пойдемте со мной, — в крестные отцы?

Капитан Нечеса закомкал свою бороду:

— Да, матушка, простите Христа ради. Уж есть ведь крестный-то. Жилец мой, поручик Тихмень, обещано ему давно...

Но генеральша уж опять не слыхала, опять — мимо глядела, прихлебывала из стаканчика...

Андрей Иваныч и капитан Нечеса ушли вместе. Хлюпала под ногами мокреть, капелью садился на крыши туман и падал оттуда на фуражки, на погоны, за шею.

— Отчего она какая-то такая... странная, что ли? — спросил Андрей Иваныч,

— Генеральша-то? Господи, хорошая баба была. Ведь я тут двадцать лет, как пять пальцев вот... Ну, вышла такая история — да лет семь уж, давно! — младенец у ней родился — первый и последний, родился да и помер. Задумалась она тогда — да так вот задуманной и осталась. А как опомнится — такое иной раз, ей Богу, ляпнет... Да вот — Молочко, бородавки-то: и смех ведь, и грех!

— Ничего не понимаю.

— Поживете — поймете.

3

Петяшку крестят

Ну, ладно. Ну, родила капитанша Нечеса девятого. Ну — крестины, — как будто что ж тут такого? А вот у господ офицеров — только и разговору, что об этом. Со скуки это, что ли, от пустоты, от безделья? Ведь и правда: устроили какой то там пост, никому не нужный, наставили пушек, позагнали людей к чертям на кулички: сиди. И сидят. И как ночью, в бессонной пустоте, всякий шорох мышиный, всякий сучек палый — растут, настораживают, полнят всего, — так и тут: встает неизмеримо всякая мелочь, невероятное творится вероятным.

Оно, положим, с девятым младенцем капитанши Нечесы не так уж просто дело обстоит: чей он, поди-ка раскуси? Капитанша рожает каждый год. И один малюкан — вылитый Иваненко, другой две капли воды — ад'ютант, третий — живой поручик Молочко, как есть — его розовая, телячья мордашка... А чей, вот, девятый?

И пуще всех тот самый Молочко взялся за дело. Очень просто почему. В прошлом году его в отцы капитаншину младенцу обрядили, проздравили и угощенье стребовали, — хотелось и ему теперь кого-нибудь подсидеть.

— Господа, да постойте же, — подпрыгнул Молочко как козлик, как теленочек веселый, молочком с пальца поеный, — господа, да ведь — Тихмень же жилец-то ихний... Да неужто же капитанша его не приспособила? Не может того быть! А коли так, то...

— Бр-раво, и Молочко догадлив бывает, браво!

Так на Тихмене и порешили: может и не виноват он ни телом, ни духом, да уж очень над ним лестно потешиться, за тем, что Тихмень неизменно серьезен, длиннонос и читает, чорт его возьми, Шопенгауэра, там, или Канта, какого-то.

И, чтобы Тихменя захватить в расплох, чтобы не сбежал, только лишь за полчаса до крестин этих самых послали Молочко предупредить капитаншу о нашествии иноплеменных. По тутошнему называлось это: "пригласиться".

Капитанша лежала в кровати, маленькая и вся кругленькая: круглая мордочка, круглые быстрые глазки, круглые кудряшечки на лбу, кругленькие — все капитаншины атуры. Только, вот, сейчас вышел из спальни капитан, чмокнув супругу в щеку. И еще не затих, позванивал на полочке пузыречек какой-то от капитановых шагов, когда вошел поручик Молочко и, сказав: здравствуй, — чмокнул капитаншу в то же самое на щеке место, что и капитан.

Страсть не любила капитанша вот таких совпадений, положительно — это неприличное что-то. Сердито закатила круглые глазки:

— Чего целоваться лезешь, Молочишко? Не видишь, — я больна?

— Ну, ладно уж, ладно, целомудренная стала какая!

Уселся Молочко возле кровати. "Как бы это к Катюшке под'ехать, чтобы приглашаться не сразу?"

— А знаешь, — подпрыгнул Молочко, — был я у Шмитов, целуются все, можешь себе представить? Третий год женаты — и до сих пор... Не понимаю!...

Капитанша Нечеса поздоровела, зарозовела, глазки раскрылись.

— Уж эта мне Марусечка Шмитова, уж такая принцесса, на горошине, фу-ты, ну-ты... Знаться ни с кем не желает. Вот, дай-ко сь, Бог-то ее за гордость накажет...

Переполоскали, перемыли Марусины косточки — и не о чем больше. Видно, делать нечего — надо начинать. Прокашлялся Молочко.

— Видишь ли, Катюша... Н-да... Ну, одним словом, мы все собираемся на крестины, хотим пригласиться. Надо отцом проздравить Тихменя. Я придумал, можешь себе представить?

Никак и не ждал Молочко, что так сразу согласится Катюшка. Залилась она кругленько, закатилась, под одеялом ножками забрыкала, за живот даже держится: ой, больно...

— Ну, и выдумщик ты, Молочишко: Тихменя — в отцы, а? Тихменя нашего длинноносого! Так его и надо, а то больно зачитался...

И вот — крестили. Генеральша улыбалась, глядела куда-то поверх, глазами была не здесь. Заспанным голосом читал по требнику гарнизонный поп. Вся ряса на спине была у него в пуху.

Неотрывно глядел на пушинки эти крестный, поручик Тихмень. Длинный, тощий, весь непрочный какой-то, стоял с ребенком на руках, удивленно водил своим длинным носом:

"Вот, ей-Богу, ввязался я... Закричит это на руках, ну что я буду делать?"

А "это на руках" оказалось даже еще хуже: в ужасе почуял поручик Тихмень, что руки у него вдруг намокли, и из теплого свертка закапало на пол. Забыл тут Тихмень всякую субординацию, ткнул, как попало, крестника на руки генеральше и попятился назад. Бог его знает, куда бы запятился, если бы стоявшая сзади компания с Молочко во главе не водворила его на место.

Пришло время уж и в купель окунать младенца. Заспанный поп обернулся к генеральше ребенка взять. А она не дает. Прижала к себе и отпустить не хочет, и кричит:

— Не дам, а вот и не дам, и не дам, он мой!

Поп оробело пятился к двери. Батюшки мои, что ж это? Суматошились, шептали. Кабы не Молочко, так и не докрестили бы, может. Молочко подошел к генеральше, взял ее за руку, как свой, и шепнул:

— Отпустите, зачем вам этот, у вас будет свой, можете себе представить. Раз я говорю... Разве ты мне не веришь? Мне?

Генеральша засмеялась блаженно, отпустила. Ну, слава-те, Господи! С грехом пополам докрестили и Петяшкой нарекли.

Тут-то и приступили господа офицеры к поручику Тихменю. Одним разом, по команде, все низко поклонились:

— Честь вас имеем, папаша, проздравить с новорожденным, с Петяшкой, на чаек с вашей милости...

Замахал Тихмень руками, как мельница.

— Как это — папаша? Я и не хочу вовсе, что вы такое! Терпеть не могу...

— Да в детях-то, милый, ведь Бог один волен. Уж там, можешь терпеть, иль не можешь...

Пристали — хоть плачь. Делать нечего: вечером Тихмень угощал в собрании. И пошло с тех пор: каждый день на занятиях спрашивали его, как, мол, здоровье сынишки — Петяшки. Задолбили, заморочили Тихменю голову Петяшкой этим самым.

4

Голубое

Много ли человеку надо? Проглянуло солнце, сгинул туман проклятый — и уж мил Андрею Иванычу весь мир. Рота стоит и команды ждет, а он загляделся: шевельнуться страшно, чтобы не рухнули хрустальные голубые палаты, чтобы не замолкло золотой паутинкой звенящее солнце.

Океан... Был Тамбов, а теперь Океан Тихий. Курит внизу, у ног, сонно-голубым своим куревом, мурлычет дремливую колдовскую песню. И столбы золотые солнца то лежали мирно на голубом, а то вот — растут, поднялись, подперли стены — синие нестерпимо. А мимо глаз плавно плывет в голубое в глубь Богородицына пряжа, осенняя паутинка, и долго следит Андрей Иваныч за нею глазами. Кто-то сзади его кричит на солдата:

— ...Где у тебя три приема? Ж-животина! Проглотил, смазал?

Но не хочет, не слышит Андрей Иваныч, не обертывается назад, все летит за паутинкой...

— Ну что, танбовскай? Или нравится — загляделся-то?

Делать нечего, оторвался, обернулся Андрей Иваныч. С усмешкой глядел на него Шмит — высокий, куда же выше Андрея Иваныча, крепкий, как будто даже тяжелый для земли.

— Нравится ли? Уж очень это малое слово, капитан Шмит. Ведь я, кроме Цны тамбовской, ничего не видал — и вдруг... Подавляет... И даже нет: весь обращаешься в прах, по ветру летишь вот, как... Это очень радостно...

— Да что-о вы? Ну-ну! — и опять Шмитова усмешка, может — добрая, а может — и нет.

Для Андрея Иваныча она была доброй: весь мир был добрый. И он неожиданно даже для себя, благодарно пожал Шмиту руку.

Шмит потерял усмешку — и лицо его показалось Андрею Иванычу почти-что даже неприятным: неровное какое-то, из слишком твердого сделано, и нельзя было, как следует заровнять — слишком твердое. Да и подбородок...

Но Шмит уже опять улыбался:

— Вы соскучились, кажется, со своим денщиком? Мне говорил Нечеса.

— Да, уж чересчур он — "точно так"... Хочу поменяться на какого угодно, только бы...

— Так вот, меняйтесь со мной? Мой Гусляйкин — пьяница, говорю откровенно. Но до чрезвычайности веселый малый.

— Спасибо, вот уж спасибо вам! Вы мне очень много...

Простились. Андрей Иваныч шел домой, весь еще полный голубого. Итти бы ему одному и нести бы в себе это бережно... Да увязался Молочко.

— Ну что, ну что? — подставлял он Андрею Иванычу розовую, глупоглазую свою мордочку: охота узнать что-нибудь новенькое, что бы можно было с жаром рассказать и генеральше, и Катюшке, и вечером в собрании.

9

— Да ничего особенного, — сказал Андрей Иваныч. — Шмит предложил денщика.

— Сам? Да что вы? Шмит ужасно редко заговаривает первый, — можете себе представить? А вы были у Шмитов? А у командира? Да бишь... командир в отпуску. Вот лафа — и вечном отпуску! Вот бы так, можете себе представить?

— У Шмитов еще не успел, — говорил Андрей Иваныч рассеянно, все еще думая о сонно-голубом. — Был у Нечесов, у генерала. Генеральша — вдруг, ни к чему, о бородавках...

Спохватился Андрей Иваныч, да было уж поздно. Маковым цветом заалел Молочко, заиндючился и важно сказал:

— По-жа-луйста! Просил бы... Я горжусь, что удостоен, можно-сказать, доверия такой женщины... Бородавки тут абсолютно не при чем... Аб-со-лютно!

Надулся и замолчал. Андрей Иваныч был рад.

У трухлявого деревянного домика Молочко остановился.

— Ну, прощайте, я здесь.

Но, попрощавшись, опять развернулся и в минуту успел рассказать про генерала, что он бабник из бабников, успел показать Шмитовский зеленый домик и что-то подмигнуть про Марусю Шмит, успел наболтать о каком-то непонятном клубе ланцепупов, о Петяшке поручика Тихменя...

Еле-еле стряхнул с себя все это Андрей Иваныч. Стряхнул — и пошел снова сонный, заколдованный, поплыл в голубом, в сказочном, на тамбовское таком непохожем. Не видя, поводил глазами по деревянным, сутулым домишкам-грибам.

Вдруг застучали в окно, дробно так, весело.

— "Кому — мне?" — остановился Андрей Иваныч перед зелененьким домиком. — "Да нет, не мне", — пошел дальше.

В зелененьком домике распахнулось окно, кликнул веселый голос:

— Эй, новенький, новенький, подите-ка сюда!

Недоуменно подошел Андрей Иваныч и фуражку снял. "Но как же — но кто же это?"

— Послушайте, давайте-ка познакомимся, все равно ведь придется. Я Маруся Шмит, слыхали? Сидела у окна — и думаю: а дай постучу. Ой, какой у вас лоб замечательный! Мне о вас муж говорил...

Бормочет что-то Андрей Иваныч и глаза развесил: узкая, шаловливая мордочка, — не то тебе мышенка, не то — милой дикой козы. Узкие и длинные, наискось немного, глаза.

— Ну что, дивитесь? Озорная? Да мне не привыкать! Смерть люблю выкомаривать. Я в пансионе дежурной была в кухне — изжарила начальнице котлету из жеванной бумаги...

Ой-ой-ой, что было! А за Шмитов портрет... Вы Шмита-то знаете? Да Господи, ведь он же про вас и говорил мне! Вы приходите как-нибудь вечером, что за визиты!..

— Да с удовольствием. Вы извините, я сегодня так настроен как-то, не могу говорить...

Но увидал Андрей Иваныч, что и она замолчала, и куда-та мимо него смотрит. Принахмурилась малость. Возле губ — намек на недетские морщинки: еще нет их, когда-нибудь лягут.

— Паутинка, — поглядела вслед золотой Богородицыной пряже.

Перевела на Андрея Иваныча глаза и спросила:

— А вы когда-нибудь о смерти думали? Нет, даже и не о смерти, а вот — об одной самой последней секундочке жизни, тонкой вот — как паутинка. Самая последняя, вот, оборвется сейчас — и все будет тихо...

Долго летели глазами оба за паутинкой. Улетела в голубое, была — и нету...

Засмеялась Маруся. Может, засмутилась, что вдруг так — о смерти. Захлопнула окошко, пропала.

Пошел Андрей Иваныч домой. "Все хорошо, все превосходно... И чорт с ним, с Тамбовом. И чтоб ему провалиться. А здесь — все милые. Надо поближе с ними, поближе... Все милые. И генерал — что ж, он ничего"...

5

Сквозь Гусляйкина

С удовольствием спроводил Андрей Иваныч своего так-точного истукана — Непротошнова. Полученный от Шмита Гусляйкин, действительно, оказался словоохотлив по-бабьи и не по-бабьи уж запивоха. То и знай, являлся с подбитой физией, изукрашенный кусками черного пластыря (пластырь этот Гусляйкиным величался "кластырь" — от "класть": очень даже просто). Но и такой — с заплатками черными, и пусть даже пьяненький — все же он был для глаз Андрей-Иванычевых милее, чем Непротошнов.

Гусляйкин приметил, видно, расположение нового своего хозяина и пустился с ним в конфиденции в знак благодарности.

Видимо, у Шмитов Гусляйкин, как по бабьей его натуре и надобно, дневал-ночевал у замочных скважин, да у дверных щелей. Сразу такое загнул что-то о Шмитовской спальне, что покраснел Андрей Иваныч и строго Гусляйкина окоротил. Гусляйкин не мало был изумлен: "Господи, всякая барыня, да и всякий барин тутошний, — озолотили бы за такие рассказы слушали бы, как соловья, а этот... да наве-ерно — притворяется только..." — и опять начинал.

Как ни отбрыкивался Андрей Иваныч, как ни выговаривал Гусляйкину, тот все вел свою линию и какие-то темные, жаркие, обрывочные видения поселил в Андрей-Иванычевой голове. То, вот, Шмит несет на руках Марусю, так, как ребенка, и во время обеда держит, кормит из рук... То почему-то Шмит поставил Марусю в угол — она стоит, и рада стоять. То наложили дров в печку, топят печку вдвоем, перед печкой — медвежья шкура...

И когда Андрей Иваныч собрался, наконец, к Шмитам и сидел в их столовой, с милыми, избушечьими, бревенчатыми стенами, — он прямо, вот, глаза боялся поднять: а вдруг она а вдруг Маруся — по глазам увидит, какие мысли... Ах, проклятый Гусляйкин!

А Шмит говорил своим ровным, ясным, как лед, голосом:

— Гм... так, говорите, вам понравился Рафаэль картофельный? Да уж, хорош Сахар Медович! За хорошие дела к чертям на кулички генерала не засунули б. И теперь, вот, где солдатские деньги пропадают, где — лошадиные кормовые? Я уж чую, я чу-ую...

— Ну, Шмит, ты уж это слишком, — сказала Маруся ласково.

Не вытерпел Андрей Иваныч: с противным самому себе любопытством поднял глаза. Шмит сидел на диване, Маруся стояла сзади под пальмой. Перегнулась сейчас к Шмиту и тихонько, один раз, провела по жестким Шмитовым волосам. Один раз, — но, должно быть, так нежно, должно быть, так нежно.

У Андрея Иваныча так и екнуло. "Но какое мне дело?" Никакого, да. А щемит все сильнее. "Если бы вот так когда-нибудь мне один раз, только один раз..."

Проснулся Андрей Иваныч, когда Шмит назвал его имя.

— ...Андрей Иваныч у нас один-единственный, агнчик невинный. А то все на подбор. Я? Меня сюда — за оскорбление действием, Молочку — за публичное непотребство. Нечесу — за губошлебство. Косинского — за карты... Берегитесь, агнчик: сгинете тут, сопьетесь, застрелитесь...

Может оттого, что Маруся стояла под пальмой, или от усмешки Шмитовой — но только невтерпеж — Андрей Иваныч вскочил:

— Это уж вы, знаете, слишком, уж на это-то меня хватит, чтобы не спиться. Да и что вам за дело?

— Ка-кой же вы! — засмеялась Маруся, золотая паутинка — самая последняя секундочка — зазвенела. — Ведь ты же, Шмит, шутишь? Ведь, да?

Опять наглянулась к Шмиту из-за дивана. "Только б не гладила... Не надо же, не надо", — молился Андрей Иваныч, затаил дух... Кажется, она что-то спросила — ответил наобум-Лазаря:

— Нет, благодарю вас...

— То есть, как — благодарю? Вы о чем же это изволите думать? Ведь я спросила, были ли вы у Нечесов.

И только, когда Шмит уходил, Андрей Иваныч становился Андрей Иванычем, нет никакого Гусляйкина, не надо бояться, что она погладит Шмита, все просто, все ласково, все радостно.

Когда вдвоем — тут и думать не надо, о чем говорить: само говорится. Так и скачут, и играют слова, как весенний дождь. Такой поток, что Андрей Иваныч обрывает, не договаривает. Но она должна понять, она понимает, она слышит самое... Или, может, так кажется? Может, Андрей Иваныч придумал себе свою Марусю? Ах, все равно, лишь бы...

Запомнился — уложен в ларчик драгоценный — один вечер. То все ведро стояло, теплынь, без шинелей ходили, это в ноябре-то. А тут вдруг дунуло сиверком. Синева побледнела, и к вечеру — зима.

Андрей Иваныч и Маруся огня не зажигали, сидели, вслушиваясь в шушуканье сумерек. Пухлыми хлопьями, шапками сыпался снег, синий, тихий. Тихо пел колыбельную — и плыть, плыть, покачиваться в волнах сумерек, слушать, баюкать грусть...

Андрей Иваныч отсел нарочно в дальний угол дивана от Маруси: так лучше, так будет только самое тонкое, самое белое — снег.

— Вот, дерево теперь все белое, — вслух думала Маруся, и на белом дереве — птица, дремлет уж час и два, не хочет улететь...

Тихое снежное мерцанье за окном. Тихая боль в сердце.

— Теперь и у нас, в деревне, зима, — ответил Андрей Иваныч. — Собаки зимою ведь особенно лают, вы помните? Да? Мягко и кругло. Кругло, да... А в сумерках — дым от старновки над белой крышей, такой уютный. Все синее, тихое, и навстречу идет баба с коромыслом и ведрами...

Марусино лицо с закрытыми глазами было такое тревожно-бледное и нежное от снежных отсветов... Чтобы не видеть — уж лучше не видеть, — Андрей Иваныч тоже закрыл глаза...

А когда зажгли лампу, ничего уж не было, ничего такого, что привиделось без лампы.

И эти все слова о дремлющей на снежном дереве птице, синем вечере — показались такими незначущими, не особенными.

Но запомнились.

6

Лошадиный корм

У русской печки — хайло-то какое ведь: ненасытное. Один сноп спалили и другой, и десятый — и все мало, и заваливают еще. Так, вот, и генерал за обедом: уж и суп поел, и колдунов литовских горку, и кашки пуховой гречишной покушал с миндальным молоком, и равиолей с десяток спровадил, и мяса черкасского, в красном вине тушеного, две порции усидел. Несет зайченок-повар новое блюдо — хитрый какой-то паштет, крепким перцем пахнет, мушкатом, — как паштета не с'есть? Душа генеральская хочет паштета, а брюхо уж по сих пор полно. Да генерал хитер: знает как бренное тело заставить за духом итти.

— Ларька, вазу мне, — квакнул генерал.

Покатился самоварный Ларька, мигом притащил генералу большую, длинную и узкую, вазу китайского расписного форфора. Отвернулся в сторонку генерал и облегчился на древне-римский манер.

— Ф-фу! — вздохнул затем — и положил себе на тарелку паштета кусок.

За хозяйку сидела не генеральша: посади ее — натворит еще чего-нибудь такого. Сидела за хозяйку свояченица Агния, с веснущатым, вострым носом. А генеральша устроилась поодаль, ничего почти что не ела, глазами была не здесь, прихлебывала все из стаканчика.

Покушав, генерал пришел в настроение:

— А ну-ка скажи, Агния, знаешь ли ты, когда дама офицером бывает, — ну, знаешь?

Веснущатая, дощатая, выцветшая Агния почуяла какую-то каверзу, заерзала на стуле. Нет, не знает она...

— Ух ты-ы! Как же ты не знаешь? Тогда дама бывает офицером, когда она бывает... в каком чине? В каком чине, а? Поняла?

Затрепыхалась, заалела, закашляла Агния: кх-кх-кх! Куда и деваться не знала. Чай, ведь — девица она — и этакое... скоромное... А генерал заливался: сначала внизу, в бур-болоте на дне, а потом наверху, тоненькой лягушечкой.

Забылась Агния, занялась паштетом, глаза — в тарелку, быстро, быстро отправляла крошечные кусочки в рот. А генерал медленно нагибался, нагибался к Агнии, замер — да как гукнет вдруг на нее этаким басом, как из бучила:

— Г-гу-у!

Ихнула Агния благим матом, сидя, запрыгала на стуле, заморгала, запричитала:

— Штоп тебе... штоп тебе... штоп тебе...

Раз двадцать этак вот "штоп тебе" — и под самый конец тихонько: провалиться, — штоп тебе провалиться, пр-ровалиться"... Была у Агнии такая чудная привычка: все пугал ее со скуки из-за углов генерал — вот и привыкла.

Любил генерал слушать Агниевы причитанья, — разгасился, никак не передохнет — хохочет:

— Охо-хо, вот кликуша-то, вот порченая, вот дурья-то голова, охо-хо!

А генеральша прихлебывала, не слышала, далеко где-то, не тут жила.

Прикатился Ларька — запыхался.

— Ваше преосходительство, там капитан Шмит вас желает видеть.

— Шмит? Вот принесло... И поесть толком не дадут, ч-чорт! Проси сюда.

Свояченица Агния выскочила из-за стола в соседнюю комнату, и скоро в дверной щели уже заходил веснущатый ее нос, однажды мелькнувший Андрею Иванычу.

Вошел Шмит, тяжелый, высокий. Пол заскрипел под ним.

— А-а-а, Николай Пе-тро-вич, здравствуйте. Не хотите ли, миленочек, покушать? Вот, равиоли есть, пррев-вос-ходные! Сам, неженчик мой, стряпал: им, паршивцам, разве можно

15

доверить? Равиоли вещь тонкая, из таких все деликатностей: мозги из костей, пармезанец опять же, сельдерей молоденький — ни-и-как не старше июльского... Не откажи, голубеночек.

Шмит взял на тарелку четыреугольный пирожок, равнодушно глотнул и заговорил. Голос — ровный, граненый, резкий, и слышится — на губах — невидная усмешка.

— Ваше превосходительство, капитан Нечеса жалуется, что лошади не получают овса, на одной резке сидят. Это совершенно немыслимо. Сам Нечеса, конечно, боится притти вам сказать. Я не знаю, в чем тут дело. Может, это ваш любимчик, как его... Мундель-Мандель; ну как его...

У генерала — прелестнейшее настроение: зажмурил свои буркалы и мурлычит:

— Мендель-Мандель-Мундель-Мондель... Эх, Николай Петрович, голубеночек, не в том счастье. Ну, чего тебе, еще надо? Видел я намедни Марусю твою. Ну, и кошечка же, ну и милочка — н-т-ц-а, вот что... И подцепил же ты! Ну, какого еще рожна тебе надо, а?

Шмит сидел молча. Железно-серые, небольшие, глубоко всаженные глаза еще глубже ушли. Узкие губы сжались еще уже.

Генеральша только сейчас услышала Шмита, поймала кусочек и спросила треснуто:

— Нечеса?

И забыла, замолкла. В дверной щели все ходил вверх и вниз веснущатый вострый нос.

Шмит настойчиво и уже со злостью повторил:

— Я еще раз считаю долгом доложить вашему превосходительству: лошадиные кормовые куда-то пропадают. Я не хочу пускаться в догадки — кто, Мундель или не Мундель...

Вдруг опять проснулась генеральша, услышала: Мундель, — и ляпнула:

— Кормовые-то? Это вовсе не Мундель, а он, — кивнула на генерала. — Ему на обеды не хватает, проедается очень, — и засмеялась генеральша почти весело.

Шмит, как сталью, уперся взглядом в генерала:

— Я давно это знаю, если уж по правде говорить. И главное деньги пропадают, люди могут думать на меня, я — казначей. Этого я не могу допустить.

Узко сжаты Шмитовы губы, все лицо спокойно, как лед. Но как синий напруженный лед в половодье: секунда — и ухнет с грохотом хлынет сокрушающая, неистовая, весенняя вода.

А генерал хлынул уже. Зяпнул нутряным своим басом:

— До-пус-тить? Ка-ак-с?

16

И оступился на злючий визг:

— Капитан Шмит, встать, руки по швам, с вами говорит генерал Азанчеев!

Шмит встал, спокойный, белый. Генерал тоже вскочил, громыхнул стулом и накинулся на Шмита, осыпал, оглоушил:

— М-мальчишка! Ты с-смеешь не до-пу-скать, а? Мне, Азанчееву? Да ты з-знаешь, я т-тебя в двадцать четыре часа...

Искал, чем бы кольнуть Шмита побольнее:

— Да давно ли ты стоял тут и просил разрешения, да-р-разрешения у меня жениться. А теперь завел себе девчонку хорошенькую — и д-думаешь, и уж б-бальшой стал, и все тебе можно! М-мальчишка!

— Как... вы... сказали? — отрубил Шмит по одному пронзительные — трехлинейные пульки — слова.

— ...Девчонку, говорю, завел, так и думаешь! Погоди-ка, миленок, будет она по рукам ходить, как и прочие наши. А то ишь-ты, мы-ста, не мы-ста!

Твердый, выдвинутый вперед подбородок у Шмита мелко дрожал. Пол скрипнул, Шмит сделал шаг — отвесил генералу резкую, точную, чеканную, как и сам Шмит, оплеуху.

И тут все перемешалось. Как, вот, бывает, когда ребятенки катятся с горы на ледяшках, и в самом низку налетят друг на друга: брызнет от взрытого сугроба снег, салазки — вверх полозьями, и визг веселый, и жалобный плач ушибленного.

Метнулся Ларька, услужливо подставил стул, генерал плюхнулся, как мешок. Дверная щель разверзлась. Свояченица Агния вскочила в родимчике и полоумно причитала: штоп, штоп, штоп провалиться... Генеральша держала стакан в руке и треснуто, пусто смеялась — так пустушка смеется на колокольне по ночам.

Генерал, без голосу, нутром просипел:

— Под суд... У-пе-ку...

Шмит отчеканил по-солдатски:

— Как прикажете, ваше превосходительство.

И налево кругом.

Ларька любил сильные сцены: довольно крутил головой, пыхтел как самовар, и обмахивал генерала салфеткой. Агния ихала, генеральша маленькими глоточками отпивала из стаканчика.

Человечьи кусочки

Молочко пристал к Андрею Ивановичу, как банный лист.

— Нет уж, атанде. Месяц уж, как приехал, и ни разу в собрание не заглянул, — можете себе представить? Это с вашей стороны свинство. К Шмитам, небось, каждый день шлындаете!

Андрей Иваныч зарозовел чуть приметно. "Правда, если и сегодня пойти к Шмитам, — это уж будет окончательно ясно, это значит — сознаться"... Что — ясно и в чем — сознаться, этого Андрей Иваныч еще и себе сказать не насмелился.

— Ладно, чорт с вами, иду, — отмахнулся Андрей Иваныч.

В раздевальной висело десятка полтора шинелей. Краска еще сырая малость: ноги прилипали к полу, пахло скипидаром. Молочко без отдыха молол что-то над ухом, забивал мусором Андрею Иванычу голову:

— Ну, что, каково у нас? А каланча-то наверху! Новенькое, а? Нет, а вот, можете себе представить: слыхал я, будто есть такая несгораемая краска, каково, а? А вы читали, как у французов театр с людьми погорел, а? Сто человек, каково? Я за литературой очень слежу...

Наверху в зале табашники так натабачили, что хоть топор вешай. И в гомоне, в рыжем тумане — не люди, а только кусочки человечьи: там — чья-то лысая, как арбуз, голова; тут в низку, отрезанные облаком, косолапые капитан-Нечесовы ноги поодаль — букет повисших в воздухе волосатых кулаков.

Человечьи кусочки плавали, двигались, существовали в рыжем тумане самодовлеюще — как рыбы в стеклянной клетке какого-то бредового аквариума.

— А-а, Половец, давно, брат, пора, давно!

— Где пропадал, почему не являлся?

Кусочки человечьи обступили Андрея Иваныча, загалдели, стиснули. Молочко нырнул в туман — и пропал. Капитан Нечеса знакомил с какими-то новыми: Нестеров, Иваненко, еще кто-то. Но все казались Андрею Иванычу на один лад: как рыбы в аквариуме.

Два зеленых стола были раскрыты. Тусменным светом мазали по лицам свечи. Андрей Иваныч просунулся вперед — поглядеть: как играют тут, на куличках, так же ли яро, как в Тамбове далеком, или уж, может, соскучились, надоело?

Над столом висела лысая, как арбуз, тускло блестящая

голова, и ровными рядами разложены были карты. Арбуз морщил лоб, что-то шептал, тыкал в карты пальцем.

— Что это? — обернулся Андрей Иваныч к капитану Нечесе.

Нечеса пошмурыгал носом и сказал:

— Наука имеет много гитик.

— Гитик?

— Ну да. Что вы с неба, что ли, свалились? Фокус такой...

— Но почему... но почему же никто не играет в карты? Я думал... — Андрей Иваныч уже робел, видел — кругом ухмыляются.

Капитан Нечеса добродушно-свирепо пролаял:

— Пробовали, брат, пробовали, игрывали... Перестали. Будет.

— Да почему?

— Да уж очень у нас много, брат, гениев, да, по части карт. Играют уж очень хорошо. Да. Не антиресно...

Андрей Иваныч сконфузился, будто он в том виноват был, что играют уж очень хорошо, и отошел.

Часов в одиннадцать всей ордой двинулись ужинать. И следом из карточной переплыл в столовую табачный дым, и опять засновали в рыжих облаках самодовлеющие человечьи кусочки: головы, руки, носы...

В столовой увидали печально-длинный и свернутый совершенно противозаконно в сторону нос поручика Тихменя. Развеселились.

— А-а, Тихмень! Ну, как Петяшка?

— Зубки-то режутся? Хлопот-то, небось, тебе, а?

Капитан Нечеса блаженно улыбался и ничего теперь на свете не слыхал: наливал себе зубровки. Тихмень серьезно и озабоченно ответил:

— Мальчишка плохенький, боюсь — трудно будет с зубами.

Залп хохота, развеселого, из самых что ни на есть утроб.

Тихмень сообразил, устало махнул рукой, сел за стол рядом с Андреем Иванычем.

На конце стола, за хозяина, сидел Шмит. Он и сидя был выше всех.

Шмит позвонил. Подскочил бойкий, хитроглазый солдат с заплаткой на колене.

"Должно быть, ворует"... — почему-то подумал Андрей Иваныч, глядя на заплатку.

Через минуту солдат с заплаткой принес на подносе огромный зеленого стекла японский стакан. Все заорали, захохотали:

— А-а, Половца крестить! Так его, Шмит!

— Морского зверя-китовраса!

— Это, брат, китоврас называется: ну-ка?

Андрей Иваныч выпил жестокую смесь из полыни и хины, вытаращил глаза, задохся — не передохнуть — не мог. Кто-то подставил стул, и о вновь окрещенном забыли, или это он был без памяти...

Очнулся Андрей Иваныч от скрипучего голоса, жалобно-надоедно одно и то же повторявшего:

— Это не шутка. Если б я знал... Это не шутка... Если б я знал наверно... Если б я...

Медленно, трудно понял Андрей Иваныч: это Тихмень. Спросил:

— Что? Если б что знал?

— ...Знал бы наверное: мой Петяшка или не мой?

"Он пьян, да. А я не"...

Но на этом месте сбил Андрея Иваныча смех и рев. Хохотали, ложились на стол, помирали со смеху. Кто-то повторял последнюю — под занавес — фразу скоромного анекдота.

Теперь стал рассказывать Молочко... рассказывали, должно быть, уж давно. Молочко раскраснелся, смаковал, так и висели в воздухе увесистые российские слова.

Вдруг с конца стола Шмит крикнул резко и твердо:

— Заткнись, дурак, больше не смей! Не позволю.

Молочко дернулся-было со стула вскочил — и сел. Сказал неуверенно:

— Сам заткнись.

Замолчал. И все примолкли. Качались, мигали в тумане человечьи кусочки: красные лица, носы, остеклевшие глаза.

Кто-то запел, потихоньку, хрипло, завыл, как пес на тоскливое серебро месяца. Подхватили в одном конце стола и в другом, затянули тягуче, подняв головы кверху. И вот уже все заунывно, в один голос, воют по-волчьи:

> У попа была собака,
> Он ее любил.
> Раз собака с'ела рака
> Поп ее убил.
> Закопал свою собаку,
> Камень привалил.
> И на камне написал:
> У попа была собака,

Он ее любил.
Раз собака с'ела рака...

Часы пробили десять. Заколдовал бессмысленный, как их жизнь, бесконечный круг слов, все выли и выли, поднявши головы. Пригорюнились, вспомнили о чем-то. О чем?

— Б-бум: половина одиннадцатого. И вдруг почуял Андрей Иваныч с ужасом, что и ему до смерти хочется запеть, завыть, как и все. Сейчас он, Андрей Иваныч, запоет, сейчас запоет — и тогда...

"Что ж это, я с ума... мы с ума все сошли?"

Стали волосы дыбом.

...Поп ее убил,
Закопал свою собаку...
И на камне написал:
У попа была собака...

И запел бы, завыл Андрей Иваныч, но сидевший справа Тихмень медленно сполз под стол, обхватил Андрея Иваныча за ноги и тихо, — может, один Андрей Иваныч и слышал, — жалобно заскулил:

— Ах, Петяшка мой, ах, Петяшка...

Андрей Иваныч вскочил, в страхе выдернул ноги. Побежал туда, где сидел Шмит. Шмит не пел. Глаза суровые, трезвые. "Вот он, один он может спасти"...

— Шмит, проводите меня, мне нехорошо, зачем поют?

Шмит усмехнулся, встал. Пол заскрипел под ним. Вышли. Шмит сказал.

— Эх вы! — и крепко сжал Андрею Иванычу руку.

... "Вот хорошо, крепко. Значит, он еще меня"...

Все крепче, все больнее. "Крикнуть? Нет"... Хрустнули кости, боль адская.

"И Шмит, и Шмит сумасшедший?"

— Вы все-таки ничего, терпеливы, — усмехнулся Шмит и пристально заглянул Андрею Иванычу в глаза, обвел усмешкой огромный Андрей-Иванычев лоб и робко угнездившийся под сенью лба курнофеечку-носик.

8

Соната

Весь день после вчерашнего было тошно и мутно. А когда пополз в окно вечер — мутное закутало, захлестнуло вконец. Не хватало силушки остаться с собой, так вот — лицом к лицу. Андрей Иваныч махнул рукой и пошел к Шмитам.

"У Шмитов рояль, надо поиграть, правда. А то, этак и совсем разучиться недолго..." — хитрил Андрей Иваныч с Андреем Иванычем.

Маруся сказала невесело:

— Ах, вы знаете: Шмита, ведь, на гауптвахту посадили на три дня. За что? Он даже мне не сказал. Только удивлялся очень, что пустяки — на три дня. "А я, говорит, думал"... Вы не знаете, за что?

— Что-то с генералом у него вышло, а что — не знаю...

Андрей Иваныч сразу сел за рояль. Весело перелистывал свои ноты: "А Шмита-то нет, а Шмита посадили".

Выбрал Григовскую сонату.

Уж давно Андрей Иваныч в нее влюбился: так как-то, с первого же разу по душе ему пришлась.

Заиграл теперь — и в секунду среди мутного засиял зелено-солнечный остров, и на нем...

Нажал левую педаль, внутри все задрожало. "Ну, пожалуйста, тихо — совсем тихо, еще тише: утро — золотая паутинка... А теперь сильнее, ну — сразу солнце, сразу — все сердце настежь. Это же для тебя — смотри, на..."

Она сидела на самодельной, крытой китайским шелком тахте, подперла кулачком узкую свою и печальную о чем-то мордочку. Смотрела на далекое — такое далекое — солнце.

Андрей Иваныч играл теперь маленький, скорбный четырехбемольный кусочек.

... Все тише, все медленней, медленней, сердце останавливается, нельзя дышать. Тихо, обрывисто — сухой шопот — протянутые, умоляющие о любви, руки — мучительно пересохшие губы, кто-то на коленях... "Ты же слышишь, ты слышишь. Ну вот — ну, вот, я и стал на колени, скажи, может быть, нужно что-нибудь еще? Ведь все, что..."

И вдруг — громко и остро. Насмешливые, быстрые хроматические аккорды — все громче — Андрею Иванычу кажется, что это у него бывает — у него может быть такой божественный гнев, он ударяет сотрясаясь три последних удара — и тихо.

Кончил — и ничего нет, ни гнева, ни солнца, он просто — Андрей Иваныч, и когда он обернулся к Марусе — услышал:

— Да, это хорошо. Очень... — выпрямилась. — Вы знаете: Шмит, жестокий и сильный. И вот: ведь даже жестокостям Шмитовым мне хорошо подчиняться. Понимаете: во всем, до конца...

Паутинка — и смерть. Соната — и Шмит. Ни к чему, как будто, а заглянуть...

Андрей Иваныч встал из-за рояля, заходил по ковру. Маруся сказала:

— Что же вы? Кончайте, ну-у... Там же еще менуэт.

— Нет, больше не буду, устал, — и все ходил Андрей Иваныч, все ходил по ковру.

— ...Я иду по ко-вру, ты и-дешь, по-ка врешь, — вдруг забаловалась Маруся и опять стала веселая, пушистая зверушка.

Победила то, о Шмите, в Андрее Иваныче, он засмеялся:

— Баловница же вы, погляжу я.

— О-о-о... А какая я была девчонкой — ух ты, держись! Все на ниточку привязывали к буфету, чтобы не баловала.

— А теперь разве не на ниточке? — подковырнул Андрей Иваныч.

— Хм... может, и теперь на ниточке, правда. А только я тогда, бывало, делала, чтоб упасть и оборвать — нечаянно... Хи-итрущая была! А то, вот, помню сад у нас был, а в саду сливы, а в городе — холера. Немытые сливы мне есть строго-настрого заказали. А мыть скучно и долго. Вот я и придумала: возьму сливу в рот, вылижу ее, вылижу дочиста и ем, — что ж, ведь она чистая стала...

Смеялись оба во всю глубину, по детски.

"Ну еще, ну еще посмейся"! — просил Андрей Иваныч внутри.

Отсмеялась Маруся — и опять на губах печаль:

— Ведь я тут не очень часто смеюсь. Тут скучно. А может, даже и страшно.

Андрею Иванычу вспомнилось вчерашнее, воющие на луну морды, и он сам... вот сейчас запоет...

— Да, может, и страшно, — сказал он.

— А правда, — спросила Маруся, — к нам чугунку будто проведут, — сядем и поедем?

Неслышно вошел и столбом врос в притолку денщик Непротошнов. Его не видели. Кашлянул:

23

— Ваше-скородие. Барыня...

Андрей Иваныч с злой завистью взглянул в его рыбьи глаза: "Он здесь каждый день, всегда около..."

— Ну, что там?

— Там поручик Молочко пришли.

— Скажи, чтоб сюда шел, — и недовольно-смешно сморщив лоб, Маруся обернулась к Андрею Иванычу.

"Значит, она хотела, она хотела, чтоб мы вдвоем", — и радостно встретил Молочку Андрей Иваныч.

Вошел и запрыгал Молочко, и заболтал: посыпалось как из прорванного мешка горох, — фу ты, Господи! Слушают — не слушают, все равно: лишь бы говорить и своим словам самому легонько подхохатывать.

— ...А Тихмень вчера под стол залез, можете себе представить? И все про Петяшку своего...

— ...А у капитана Нечесы несчастье: солдат Аржаной пропал, вот подлец, каждую зиму сбегает...

— ...А в Париже, можете себе представить, обед был, сто депутатов, и вот после обеда стали считать, а пять тарелок серебряных и пропало. Неужли депутаты? Я всю дорогу думал, я знаю — ночью теперь не засну...

— Да, вы, заметно, следите за литературой, — улыбнулся Андрей Иваныч.

— Да, ведь я говорил вам? Как же, как же! За литературой я очень слежу...

Андрей Иваныч и Маруся переглянулись украдкой и еле спрятали смех. И так это было хорошо, уж так хорошо, — они вдвоем, как заговорщики...

Андрей Иваныч любил сейчас Молочку. "Ну еще, милый рассказывай еще..."

И Молочко рассказывал, как один раз на пожаре был. Пожарный прыгнул вниз с третьего этажа и остался целехонек., — "можете себе представить"? И как фейерверкер заставил молодого солдата заткнуть ружье полой полушубка и пальцем: так, мол, пулю удержит.

— И оторвало ведь палец, можете себе представить?

Уже все высмеяла Маруся — весь свой смех истратила — и сидела уже неулыбой. Андрей Иваныч встал, чтоб итти домой.

Прощались. "Поцеловать руку или так?" Но первым подскочил Молочко, нагнулся, долго чмокал Марусину руку. Андрей Иваныч только пожал.

9

Два Тихменя

Поручик Тихмень не даром лез под стол: дела его были вконец никудышные.

Была у Тихменя болезнь такая: думать. А по здешним местам — очень это нехорошая болезнь. Уж блаже водку глушить перед зеркалом, блаже в карты денно и нощно резаться, только не это.

Так толковали Тихменю добрые люди. А он все свое. Ну и дочитался, конечно додумался: "Все, мол, на свете один только очес призор, впечатление мое, моей воли тварь". Вот-те и раз: капитан-то Нечеса — впечатление? Может, и все девять Нечесят с капитаншей в придачу — впечатление? Может, и генерал сам — тоже?

Но Тихмень таков: что раз ему втемяшилось — в том заматореет. И продолжал он пребывать в презрении к миру, к женскому полу, к детоводству: иначе Тихмень о любви не говорил. Дети эти самые — всегда ему, как репей под хвост.

— Да помилуйте, что вы мне будете толковать? А по моему, все родители — это олухи, караси, пойманные на удочку, да. Дети так называемые... Да для ходу, для ходу-то — это же человеку тачка к ноге, карачун... Отцвет, продажа на слом — для родителей-то... А впрочем, господа, вы смеетесь, ну и чорт с вами!

А как же не смеяться, ежели нос у Тихменя такой длинный и свернут направо, и ежели машет он руками, как вот мельница-ветрянка. Как же не смеяться, ежели скептиком великим Тихмень бывает исключительно в трезвом своем образе, а чуть только выпьет... А ведь тут на отлете, в мышеловке, на куличках, прости Господи, у чорта, — тут как же не выпить?

И, выпивши, всякий раз обертывается презрительный Тихмень идеалистом: как в древнем раю тигр с ягненком очень мило уживаются в душе у русского человека.

Выпивши, Тихмень неизменно мечтает: замок, прекрасная дама в голубом и серебряном платье, а перед нею — рыцарь Тихмень, с опущенным забралом. Рыцарь и забрало — все это удобно потому, что забралом Тихмень может закрыть свой нос и оставить открытыми только губы, — словом, стать прекрасным. И вот, при свете факелов свершается таинство любви, течет жизнь так томно, так быстро, и являются златокудрые дети...

Впрочем, протрезвившись, Тихмень костил себя олухом и карасем с неменьшим рвением, чем своих ближних, и исполнялся еще большею ненавистью к той субстанции, что играет такие шутки с людьми, и что люди легкомысленно величают индейкой.

Год тому назад... да, это так: уже почти год прошел с того дня, как ироническая индейка так подло посмеялась над Тихменем.

Были святки — несуразные, разгильдяйские, вдрызг пьяные тутошние святки. Поручик Тихмень в первый же день навизитился, накулюкался и к ночи вернулся домой рыцарем, опустившим забрало.

Капитана Нечесы не было дома, ребят уж давно уложил спать капитанский денщик Ломайлов. Одна перед празднично вкусным столом скучала капитанша Нечеса: ведь первый день всегда празднично-скучен.

Непривычно-галантно поцеловал руку у прекрасной дамы рыцарь Тихмень. И принимая из ее ручек порцию гуся, сказал:

— Как я рад, что ночь.

— Почему же это вы рады, что ночь?

Тверезый Тихмень ответил бы в виде любезности самое большее: "Потому что ночью все кошки серы". А рыцарь Тихмень сказал:

— Потому что ночью является нам то прекрасное, что скрыто от нас дневным светом.

Это было по вкусу капитанше: она заиграла всеми своими бесчисленными ямочками, тряхнула кругленькими кудряшками на лбу и пустила против Тихменя свои атуры.

Откушали и пошли в капитаншин будуар, он же — спальня.

И опять: тверезый Тихмень — как огня бежал всегда этого приюта любви, двух слоноподобных кроватей, двух рядом почивающих на вешалке китайских халатов, в которых капитан и капитанша щеголяли ранним утром и поздним вечером. А рыцарь Тихмень охотно и радостно пошел в этот замок за прекрасной дамой.

Здесь рыцарь и его дама сели играть "в извозчики": на листе бумаги огрызком карандаша поставили кружки-города и долго возили друг дружку, и старались запутать.

Впоследствии рыцарь уже водил по бумаге рукой своей дамы, дабы облегчить ее труд. И так незаметно доехали они до Катюшкиной кровати...

Не будь этого проклятого дня, что были бы Тихменю все

дурацкие шутки по части Петяшки? Нуль, сущее наплевать. А теперь... да, чорт его ведает, может, и правда Петяшка-то...

— Ах, ты, олух, идиотина, карась!

Так хватался за голову Тихмень и частил себя... трезвый.

А пьяный горевал о том, что не знает наверняка, чей Петяшка. Прямо вот — сердце разрывалось у пьяного, и неизвестно ведь, как и узнать. Правда ведь, а?

Но сегодня Тихмень вернулся веселыми ногами после обеда званого у генерала и знал, что сделать, знал, как узнать про Петяшку.

— А, что, с'ела? А я, вот, узнаю... — поддразнивал Тихмень неведомую субстанцию.

Было еще рано, у генерала еще пир шел горой, еще Нечеса там остался, а Тихмень нарочно, специально, чтоб узнать, тихохонько пробрался домой — и прямо в будуар.

Капитанша лежала еще в кровати: от частых родов что-то у ней там затрюкалось, и вот уже месяц — все поправиться как следует с силами не соберется.

— Здравствуй, Катюша, — поцеловал Тихмень кругленькую ручку.

— Что-то ты, милый, вежлив, как... тогда был. Не забудь, что тут дети.

Да, здесь все, как и тогда: и кровати-слоны, и на вешалке халаты. Только, вот, дети: восемь душ, восемь чумичек, мал-мала меньше, и за ними сзади, как Топтыгин на задних лапах — денщик Яшка Ломайлов.

— А ты отошли детей, мне надо поговорить, — серьезно сказал Тихмень.

Капитанша мигнула Яшке, Яшка и восемь ребят испарились.

— Ну что, ну какого еще рожна тебе говорить? — спросила капитанша сердито. А внутри так и заполыхало любопытство: "Что такое? О чем может этот статуй?"

Тихмень долго скрипел, колумесил околицей: все никак духу не хватало настоящее сказать.

— Видишь ли, Катюша... Это сразу, оно может и так показаться, тово... Ну, одним словом, чего там, желаю я твердо знать: мой Петяшка наверняка — или не мой.

Уж и так круглые, а тут и еще покруглели капитаншины глазки и молча уставились в Тихменя. Потом прыснула она, затрясла кудерьками:

— Вот дурашный, ну и дурашный, рассмешил, ой, ей-Богу! Ну, а если я не знаю — тогда что?

— Взаправду — не знаешь?

27

— Вот чудород! Да что мне, — трудно бы тебе сказать, что ли, было? Не знаю — и весь сказ. Вот еще допросчик нашелся.

... "и она не знает, пропало теперь дело"... Пошел Тихмень в свою комнату, нос повесил.

В коридорчике налетел на капитана Нечесу: тот тоже себе шел, ничего не видя.

— А, ч-чорт тебя возьми! Ты что это, нос-то на квинту, а? — ругнулся капитан.

Тихмень взглянул на Нечесу: эге!

— А ты что на квинту?

— Э-э, брат. У меня горе: Аржаной сбежал, ну и это еще наплевать бы, а то нашелся теперь, и оказывается — манзу прихлопнул.

— А у меня... — и, не сказав, махнул Тихмень безнадежно.

10

Солдатушки, браво, ребятушки

Который настоящий да хороший мужик — тот, если за сохой походил да землю нюхнул, так уж во-век этого духу земляного не забудет. Должно быть, что и с Аржаным вот так. Пошлют Аржаного, скажем, за водой на ротной Каурке, — он таким гоголем по улице прокатит, что мое почтение. Или лопату сунут Аржаному в лапы: опять комья так и летят, яма — сама собой строится. И так вот со всяким хозяйственным делом. А поставили его в строй, — он и рот разинул. Сущее с ним горе капитану Нечесе: мужичина Аржаной здоровенный-правофланговый, а стоит, рот разиня, вот ты и делай с ним, что хочешь...

— Аржано-ой! Ты что чучелом таким стоишь, оглобля? О чем задумался? Что у тебя в башке?

А чорт его знает, что: словами-то и не сказать, пожалуй. Должно быть, росное, весеннее утро, пашни паром курятся, лемех от земли жирный, сытый землею, а в небе — жаворонка. И будто, вот, в пустельге в этой, в жаворонке, вся механика-то и есть. И все дерет Аржаной голову кверху, все рот разевает: а нету ли, мол, жаворонки той самой наверху?

— Аржаной, балаболка, штык ровняй, по середней линии, аль не видишь?

Глядит Аржаной на штык — ишь ты, солнце-то на нем как играет — глядит и думает:

— "Вот ежели бы да, например, из эстого штыка — да лемех сковать. Ох, и лемех бы вышел — новину взодрать, вот бы!"

И все это еще туда бы — сюда, все это дело домашнее. А уж вот как теперь угрешился Аржаной — манзу прихлопнул, — этого уж не покроешь, придется уж с этим к генералу итти, ах ты Господи...

Качает капитан Нечеса лохматой своей головой, качается маленький его сизый нос, заблудившийся в бороде, в усах.

— Да как же это ты, Аржаной, а? Кто же это тебя надоумил? Зачем?

Аржаной оброс за время бегов щетиной, стал еще скуластей, еще больше обветрел, земле предался.

— Такое вышло дело, ваше-скородие. Рассказали мне солдатенки проклятые, что, мол, теперича идут по большой дороге манзы эти самые и, знычть, несут панты оленьи, а пантам этим самым цена, будто, полтыщи... Ну я, знычть, убег и подстерег манзу-то...

Затопал капитан свирепо на Аржаного, залаял, начал его обкладывать — вдоль и поперек. А Аржаной стоит и ухмыляется: знает, капитан Нечеса солдата не обидит, а брань-то на вороту не виснет.

И только тогда оробел Аржаной, когда услыхал, что к генералу придется итти: тут побелесел даже со страху.

Увидал это капитан Нечеса, заткнул свой ругательный фонтан, налил полстакана водки и сердито сунул Аржаному.

— На, такой-сякой, пей! Да не робь: авось, вызволим как-нибудь.

Увели Аржаного в кутузку, ходит капитан по комнате неспокоен.

"Вот начупит этакий прохвост — а ты расхлебывай, ты выкручивайся. Да еще под какую руку к генералу попадем, а то и под суд угонит"...

Ходит капитан — места не найдет. Запел свою любимую песню, она же и единственная, исполняемая капитаном:

> Солдату-ушки, браво ребяту-ушки,
> Да где ж ва-аши же-ена?

У Катюшки кто-то из вдыхателей сидит: ишь-ты, хохочет

она кругленько как, да звонко. К Тихменю теперь хоть и не подступайся, ходит тучи чернее, — раньше хотя с ним можно было в поддавки сыграть и за игрой о горях, о печалях позабыть... Эх!

Махнувши рукой, вынимает капитан очки в черной роговой оправе. Читает капитан простым глазом, и очки надеваются в двух лишь случаях: первый — когда капитан Нечеса ремонтирует некую часть своего туалета, а второй...

Капитан Нечеса берет оружие — грошовую иголку, специально вставленную денщиком Ломайловым в хорошую ореховую ручку. Капитан Нечеса затягивает любимую свою — и единственную — песню и бродит в столовой возле стен. Некогда стены, несомненно, были оклеены превосходными голубыми обоями. Но теперь от обоев осталось лишь неприятное воспоминание, и по воспоминанию ползают рыжие, усатые прусаки.

... Наши же-ена — ружья заряже-ена.
Вот где на-ши же-ена!
Солдату-ушки, браво ребяту...
— Ага, дьявол, попался! Та-ак!

На грошовой иголке трепыхается рыжий прусак. Должно быть, от очков — лицо у капитана совиное, свирепое, а уж лохматое — не приведи Господи... Капитан кровожадно-удовлетворенно глядит на прусака, сбрасывает добычу на пол, с наслаждением растирает ногой...

Наши се-естры — сабли-ружья во-остры,
Вот где на-аши се...

— А-а, такой-сякой, в буфет лез? Будешь теперь лазить? Будешь?

И поглядеть вот сейчас на капитана Нечесу — так, ей-Богу, аж страшно: -зверь-ты-зверина, ты скажи свое имя. А кто с капитаном пуд соли с'ел, так тот очень хорошо знает, что только с тараканами капитан свиреп, а дальше тараканов нейдет.

Да вот хоть капитаншу взять: рожает себе капитанша каждый год ребят, и один на ад'ютанта похож, другой — на Молочку, третий — на Иваненко... А капитан Нечеса — хоть бы что. Не то невдомек ему, не то думает: "а пущай, все они — младеньчики, — все ангелы Божьи"; не то просто иначе и нельзя по тутошним местам, у чорта-то на куличках, где всякая

30

баба, хоть самая никчемушняя, высокую цену себе знает. Но любит капитан Нечеса всех восьмерых своих ребят, с девятым Петяшкой в придачу, — любит всех одинаково и со всеми няньчится...

Вот и сейчас, вытерши испачканные в тараканах руки о штаны, идет он в детскую, чтобы тревогу свою об Аржаном утишить. Восемь оборванных, веселых чумазых отерханов... И долго, покуда уж совсем не стемнеет, играет в кулючки с чумазыми капитан Нечеса.

Денщик Яшка Ломайлов, Топтыгин, сидит со свечкой в передней на конике и пристраивает заплату к коленке Костенькиных панталон: совсем обносился мальченка. А из капитаншина будуара, он же и спальня с слонами-кроватями, — слышен веселый Катюшкин смех. Ох, грехи! Не было бы к лету десятого!

11

Великая

Письменным приказом Шмит был наряжен на поездку в город. Шмит удивлен был немало. Оно, положим, что дело идет о приемке новых станков прицельных. А все же на такие дела, бывало, мелкота наряжалась, подпоручики. А тут вдруг его — капитана Шмита. Ну, ладно...

Уехал. Андрей Иваныч и Маруся были на пристани. Проводили Шмита, вдвоем шли домой. Под ногами на лывах холодным хрустом хрупал ледок. Земля — мерзлая, тусклая, голая — лежала неубранным покойником.

— А у нас там теперь — мягко, тепло, снег, — сказала Маруся. Еще глубже ушла подбородком в мягкий мех, еще больше стала пугливой, пушистой, милой зверушкой.

Вправо чернеют вихрястые от леса увалы, под ними туманная долина. И в тумане шевелятся, стали у самой дороги, как нищие, семь хромых деревянных крестов.

— "Семь крестов" — вы знаете? — кивнула туда Маруся.

Андрей Иваныч помотал головою: нет. Языком шевельнуть боялся, а то снимется и улетит вот это, что бьется в нем и что страшно назвать.

— Семь офицеров молоденьких. И не очень, чтоб давно,

лет, что ли, восемь или девять... Все — в один год, как от заразы. На кладбище-то их ведь нельзя было...

... "Семь. Что ж они — отдельно, или сразу все? Да, собрание, у попа была собака... Фу, какая чепуха! Зараза. Может быть — любовь?"

Вот по такой дорожке промчался Андрей Иваныч и вслух сказал:

— Что же, ведь любовь — она и есть болезнь. Душевно-больные... Я не знаю, отчего никто не попробовал лечить это гипнозом? Наверное, можно бы.

Андрей Иваныч искал ее глаз, чтобы увидеть, слышит ли она, что он говорит, хочет сказать. Но глаза были спрятаны.

— Да, может быть, — ответила Маруся себе. — Болезнь... Как лунатики, как каталептики. Всякую боль, муку терпеть... Распяться для... для... О, все хорошо, все сладко!

Теперь Андрей Иваныч видел глаза. Они очень блестели, лучились. Но для кого, о ком?

..."Скажу, сегодня скажу ей все". Андрей Иваныч задрожал дрожью тоненькой, очень острой, и услышал ее как струну, где-нибудь в самом конце клавиатуры направо, — все звенела и звенела.

Прежде чем войти в поселок, они остановились и последний раз оглянулись на небо. В разодранных облаках полымем полыхала заря: всплеснулось что-то тревожно-красное снизу и застыло, нависло, нагнулось, растет...

Милая бревенчатая столовая Шмитов. Знакомый запах — не то зябрея, не то зверобоя. Но раньше все здесь было простое, полевое, спокойное. А теперь двигалось, каждую секунду менялось, ждало. И никогда прежде не видел Андрей Иваныч этого красного, дрожащего, дразнящего языка лампы.

Маруся была слишком весела. Рассказывала:

— Шмит еще кадетиком был, в белом парусиновом... Он и тогда был жестокий, упрямый. Мне так хотелось, чтобы поцеловал, а он... А я на качелях качалась, было жарко. Ну, думаю, погоди же! Взяла да с качелей об земь — бряк...

Звенело остро струна в правой половине клавиатуры. "Зачем это она говорит?"

В дверь постучали. Вкатился самоварно-сияющий генеральский Ларька, где-то за ним статуем стоял в полутьме Непротошнов.

Маруся весело кивнула Ларьке, разорвала поданный им конверт, положила на стол: надо сперва досказать.

— ...об земь брякнулась — и кричу: ой, ушиблась! Тут уж,

конечно, Шмитово сердце не вытерпело: где, говорит, где? Показала плечо: тут, вот. Ну, конечно, он... А я и на губы: и тут, говорю, тоже ушибла. Ну, он и губы... Вот, ведь мы хитрущие какие, женщины, — если захотим!

Засмеялась, зарозовелась, была той самой девочкой на качелях.

Вынула письмо, читала. Медленно опускались качели вниз, все вниз. Но еще держалась улыбка на лице, как озябшая осенняя пичужка на безлистном дереве: уже мороз, уж улетать пора, а она все сидит и пиликает — как будто и то же самое, что летом, но выходит совсем другое.

— Вот... я и не понимаю, не могу... Вот... вы... — и задохнулась. Протянула Маруся письмо Андрею Иванычу.

"Милостивая Государыня, голубонька Марья Владимировна. Пятнадцатого ноября сего года ваш милейший муженек нанес мне оскорбление действием (свидетели: денщик мой Ларька, генеральша моя и свояченицы Агния; последняя видела все сквозь дверную щель). Такие вещи ценятся, конечно, не тремя днями гауптвахты, которые отсидел капитан Шмит, а малость посурьезней: каторгой — от 12 лет. Дальнейшее направление этого дела, сиречь предание его усмотрению военного суда или вечному забвению, зависит всецело от вас, милая барыня Марья Владимировна. Если вы за муженька хотите расплатиться, так пожалуйте ко мне завтра в двенадцать часов дня, перед завтраком. А коли не захотите, — так в том, голубонька, воля ваша. А то бы пришли, я бы, старик, ах как бы рад был.

Почитатель ваш Азанчеев".

Цеплялась Маруся за глаза Андрей-Иванычевы, озябшей, неверящей улыбкой молила его сказать, что неправда это, что ничего со Шмитом...

— Ведь, неправда же, ведь — неправда? — вот сейчас, кажется, станет она на колени.

— Правда, — только и мог сказать Андрей Иваныч.

— Господи, нет! — всхлипнула Маруся, все еще непокорно-детская. Положила в рот палец, из всей мочи закусила...

Андрей Иваныч молчал.

"Каторга" — медленно постигала Маруся чуждое, закованное, громыхающее слово... медленно...

Отвернулась. Какие-то странные обрывки не то смеха, не то предсмертной икоты.

— ...На минутку... в зал... ради Бога... выйдите, мне одной бы...

Одна. Встала, подошла к стене, прислонилась лицом, чтобы

33

никто не видел... Сдвинулось в голове все, понеслось под гору без удержу. Привиделось — и откуда? — лампада под праздник, мать перед иконой ничком, такая чудная, сложенная пополам, а кто-то из них, из детей больной лежит.

"Ну, а если не пойти? Но ведь Шмита не пожалеет он, никогда. Каторга"...

... "Богородица, милая, ты ведь всегда меня любила, всегда... Не отступись, родная, никого у меня нету — никого, никого!"

Когда Андрей Иваныч снова вошел в веселую бревенчатую столовую, Маруси не было. Умерла Маруся — веселая девочка на качелях. Увидел Андрей Иваныч строгую, скорбную женщину, рожавшую и хоронившую: вот эти, вот, глубокие морщины по углам губ — разве не следы они похорон? И пусть запашет жизнь еще глубже борозды — все стерпит, все поднимет русская женщина.

Сказала Маруся спокойно, только уж очень тихо:

— Андрей Иваныч, пожалуйста... Пойдите и скажите денщику, что хорошо, что я...

— Вы? Вы пойдете?

— Да нужно, ведь иначе...

Все в Андрее Иваныче задрожало, помутилось. Он стал на колени, губы тряслись, искал слов...

— Вы... вы... вы великая... Как я любил вас...

Люблю — не посмел сказать. Маруся спокойно смотрела сверху. Только руки, пальцы заплетены очень туго.

— Мне лучше одной. Вы только послезавтра придите, когда Шмит приедет. Я не могу одна его встретить...

Ни месяца, ни звезд, небо тяжелое. Посередь улицы, спотыкаясь о замерзшую колочь, бежал Андрей Иваныч.

"Нет, нельзя допустить... Немыслимо, возмутительно. Что-нибудь надо, что-нибудь надо... У попа была собака... О Господи, да при чем это?"

Как в бреду, добежал до генеральского дома: слепые, темные окна; все спят.

"Звонить? Все раздеты. Ведь уж первый час. Немыслимо, смешно"...

Обежал еще раз кругом: нет ни единого огонька. Если б хоть один, хоть один, — тогда бы...

... До завтра?

Андрей Иваныч пощупал задний карман: "И револьвера нет, что ж я руками-то? Смешно, только выйдет смешно... Э-э"...

Так же без памяти, сломя голову, добежал до дома. Позвонил, ждал. И тут вдруг ясно представил: Маруся — и генеральское пузо, может, даже белое, с зелеными пятнами, как у лягвы. Скрипнул зубами:

— Ах я проклятый!

Но денщик Гусляйкин, ухмыляясь любезно, закрывал уже дверь на ключ.

12

Милостивец

Нынче генерал раным-рано поднялся: к девяти часам взбодрился уж, кофею налокался и в кабинете сидел. Чинил генерал по пятницам суд и расправу.

— Ну, Ларька, кто там? Да живей поворачивайся, волчком, чтоб у меня вертелся — ну?

Генерал бухнулся в кресло: кресло аж заохало, еле на ногах устояло. Зажмурил умильно глаза, поиграл пальцами по брюшку:

"Придет, голубонька, али нет? Эх, и пичужечка же, да тонюсенькая, да веселенькая... Эх!"

Разбудил генерала густой барбосий лай капитана Нечесы:

— Вот, ваше превосходительство, Аржаной, который манзу-то убил. Тут он, привел я, позвольте доложить.

"Ох, придет же, голубонька, уважит старика, придет", — расплывался генерал, как блин в масле.

"И чего это он ухмыляется, чем доволен?" — вытаращился Нечеса. — Прикажете привести, ваше превосходительство? Они тут.

— Да веди, миленок, веди, поскорей только...

Вошли в кабинет и у двух притолок встали: Аржаной — степенный, как и всегда, хоть был он после бегов щетинист и лохмат, и свидетель, Опенкин — рябой, с бородой-мочалой, этакий, видать, кум деревенский, разговорщик, горлан.

Должно быть, если б сейчас лошадей из конюшни приволокли в кабинет, так же бы они пятились, дыбились и храпели в страхе. И так же бы, как из Аржаного с Опенкиным, клещами бы из них слова не мог вытянуть капитан Нечеса.

— Да ты не бойся, чего ты, — улещал капитан Опенкина, — твое дело сторона ведь: тебе ничего ведь не будет.

"Сторона-то сторона. А как разгасится генерал"... — молча дыбился Опенкин. Однако огляделся помалу, рот раскрыл. А уж раскрыл — и не остановить его: балакает — и сам себя слушает.

— Что ж китаец, обнакновенно, манза — манза он и есть. Стретил я его, можно-скать, на околице, идеть себе и мешшина у его зда-ровенный на спине. Ну, он мне, конечно, здрасть-здрасть. И-и залопотал по ихнему, и-и пошол... Ну чего, грю, тебе чудачо-ок? Ни шиша, грю, не понимаю. Чего б, мол, тебе по нашему-то, как я, говорить? И просто, мол, и всякому понятно. А то, вот, нет — накося, по-дуравьи язык ломает...

— Э-э, брат, завел! Ты лучше про Аржаного расскажи, как ты его встретил-то?

— Аржаной-то? Да как же, о Господи! Кэ-эк, это, он зачал мне про братнину жену, про ребятенок рассказывать... Мал-мала, грит, меньше, есть хочут и рты, грит, разевают. Рты, мол, разинули... И так Аржаной расквелил меня этим самым словом, так расквелил... Иду по плитуару — навозрыд, можно-скать, и тут же перебуваюсь...

Тут даже и генерал проснулся, перестал ухмыляться чему-то своему, вылупил буркалы лягушьи:

— Пере-буваюсь? Это, то есть, почему же: перебуваюсь?

И как это господа не понимают, что к чему? Вот сбил теперь Опенкина, и конец. Нешто так можно перебивать человека? Вот теперь все и забыл Опенкин, и боле ничего.

Степенно, басисто рассказывал Аржаной. Главное дело — отпустили бы его только панты эти самые откопать. А то проведают солдатишки проклятые... А стоют-то панты эти полтыщи, о Господи...

— Ваше превосходительство, уж дозвольте пойтить взять. Ведь наше такое, знычть, дело крестьянское, деньги-то вот как надобны, податя опять же...

Генерал опять улыбался, подпрыгивал легонечко в кресле этак вот: вверх и вниз, вверх и вниз. Щекотал себя по брюшку:

"Ах, голубонька, плачет, поди, разливается... Ах, дитенок милый, чем бы тебя разутешить? А может, пожалеть, а?"

Генерал покачал головой на Аржаного:

— Эх ты, голова-два уха! Тебе только панты. А человека тебе нипочем укокошить? Жалеть надо человека-то, миленок, жалеть, вот что.

— Ваше превосхо... Да ведь они манзы. Нешь они человеки? Так, знычть, вроде куроптей больших. За их и Бог-то

36

не взыщет. Ваше превосхо... дозовольте панты-то, ведь ребятенки, есть-пить... рты разинули...

Генерал загоготал, заходило, заплескалось его брюхо:

— Как, как? Вроде, говоришь, куроптей? Хо-хо-хо! Ну, ладно, вот что. Вы этого сукина сына... хо-хо, куроптей, говорит? — вы его домашним порядком — плеточкой, понимэ? И потом — отпустите его панты эти взять, чорт с ним, и — под арест на десять суток, вот-с...

Аржаной бухнулся в ноги: "Стало быть, панты-то мои?"

— Ваше превосхо... благодетель, милостивец!

Капитан Нечеса, уходя, думал:

"Ах, не спроста это, дюже что-й-то добер нынче!"

Генерал вышел в гостиную, жмурился, улыбался. У окна сидела генеральша, грела в руке стаканчик с чем-то красным.

— Чей-то, матушка, голосок я слышал? Молочко, что ли? Все еще хороводишься?

— Молочко отлынивать что-то стал, — рассеянно глядела генеральша мимо, — бородавки у себя развел, так нехорошо. Ты бы его приструнил...

Подскочила Агния. Вихлялась, подпрыгивала около генерала:

— А Молочко про Тихменя рассказывал: совсем малый спятил, все добивается, его или нет Петяшка, капитаншин девятый...

Хихикала Агния в сухой кулачок. Генерал весело ткнул ее в бок:

— А ты, Агния, когда же родишь, а? За Ларьку бы, что-ли, выходила, — что ж даром-то так пропадать?

А Ларька — как раз, вот, и пришел, и стоял в дверях. Увидала его Агния — запрыгала, запричитала: "штоп-штоп-штоп-тебе пр-провалиться"...

Ларька подкатился любовно к генералу:

— Ваше превосходительство, вас дожидают там... К вам, говорят, лично.

Так и затрепыхался генерал. "Неужто ж и впрямь пришла?"

Побежал, засеменил. Брюхо побежало впереди — выходило, будто катил его генерал перед собой на тачке. Высоко подтянутые брючки трепались над сапогами.

Что-то такое учуяла нюхом своим Агния и, сказав: "я сейчас", упорхнула от генеральши в свою комнатку.

Комнатушка — клетушка маленькая, но за то веселые, с малиновыми букетами, обои, и пахнет каким-то розовым шипучим мылом. А все стены уклеены вырезанными из "Нивы", из "Родины" портретами: все мужские портреты аккуратно Агния вырезывала и тащила к себе — и генералов, и архиереев, и знаменитых ученых.

Но не в букетах, и не в портретах даже суть. А в том, что под большим портретом императора Александра III укрыла Агния долгим трудом и искусством проделанную щель в генералов кабинет. И теперь прильнула ухом к щели и, как манну небесную, ловила все, что в кабинете творилось.

13

Кладь тяжелая

Шмит веселый-развеселый вернулся из города: уж давно его Андрей Иваныч таким не видал. Шли втроем с пристани; Шмит звал обедать. Стал было некаться Андрей Иваныч, да Шмит и слышать не хотел.

— Эх, по заливу шуга идет, — говорил Шмит. — Льдинки скрипят около баркаса, машина изо всех сил стучит... Эх, хорошо, борьба!

Шел он высокий, тяжелый для земли, пил залпом морозный воздух.

— Борьба, — вслух подумал Андрей Иваныч, — борьба утомляет. К чему?

— Отдых утомляет еще больше, — усмехнулся Шмит.

"Да, он устанет нескоро, — глядел Андрей Иваныч на Шмита, — он бы не задумался, что спят, что нет револьвера... И ничего бы этого не было. А может, и так не было?"

В первый раз за сегодня насмелился Андрей Иваныч — и взглянул на Марусю. Ничего... Но только эта недвижность лица и заплетенные крепко пальцы...

"Она была там, это... было", — захолонул весь Андрей Иваныч.

— Ну, что ж ты, Маруська, делала, что во сне видела? — Шмит нагнулся к Марусе. Жесткий его, кованный подбородок исчез, весь Шмит стал мягкий.

Бывает вот, над кладью грузчики иной раз тужатся-тужатся, а все ни с места. Уж и дубинушку спели, и куплет ахтительный какой-нибудь загнули про подрядчика; ну, еще раз! — напружились: и ни с места, как заколдовано.

Так вот и Маруся сейчас тужилась улыбнуться: всю свою

силу в одно место собрала — к губам — и не может, вот — не может, ни с места, и все лицо дрожит.

Видел это — смотрел, не дыша, Андрей Иваныч: "Господи, если только оглянется сейчас на нее Шмит, если только оглянется"...

Секунда, одна только секундочка бесконечная — и совладала Маруся, улыбнулась. И только голос дрожал у нее чуть приметно:

— Господи, до чего ж иной раз вещи никчемушние снятся, смешно! Мне вот, всю ночь снилось, что надо разделить семьдесят восемь на четыре части. И вот уж будто разделила, поймала, а как написать, так и опять число забыла, и нету. И опять семьдесят восемь на четыре части — не умею, теряю, а знаю — надо. Так страшно это, так мучительно...

"Мучительно" — это была форточка туда, в правду. И даже радостно было Марусе сказать это слово, напоить его всей своей болью. И опять все это поймал Андрей Иваныч — снова захолонул, заледенел.

Шмит шел впереди их двоих уверенным своим, крепким, тяжелым шагом:

— Э-э, да ты, Маруська, кажись, это серьезно! Надо уметь плевать на такие пустяки. Да, впрочем, нетолько на пустяки: и на все...

И сразу Шмит, вдруг, вот, стал немил Андрею Иванычу, нелюб. Вспомнилось, как Шмит жал ему руку.

— Вы... Вы эгоист, — сказал Андрей Иваныч со злостью.

— Э-го-ист? А вы что ж думаете, милый мальчик, есть альтруисты? Хо-хо-о! Все тот же эгоизм, только дурного вкуса... Ходят, там, за прокаженными, делают всякую гадость... для-ради собственного же удовлетворения...

"Ч-чорт проклятый... А вот, что она сделала?.. Неужели... неужели ж ничего он не замечает, не чувствует?"

А Шмит смеялся:

— Э-го-ист... А барышня писала: "игоист", — они все ведь безграмотные... Ах, Господи, да кто ж это мне рассказывал? Сидят на скамейке, она зонтиком на песке выводит: и... т, — "Угадайте, — говорит, — это я написала о вас". Обожатель глядит читает, конечно, "идиот", — что ж еще? И трагедия... А было-то "игоист"...

Марусе нужно было смеяться. Опять: заколдованная кладь, грузчики напружились изо всех сил... Закусила губы, побледнел Андрей Иваныч...

Засмеялась, наконец, — слава Богу, засмеялась. Но в ту же

секунду раскололся ее смех, покатились, задребезжали осколочки, хлынули слезы в три ручья.

— Шмит, милый! Я больше не могу, не могу, прости, Шмит, я тебе все расскажу... Шмит, ты ведь поймешь, ты же должен понять! — иначе — как же?

Всплескивала маленькими своими детскими ручонками, тянулась вся к Шмиту, но не смела тронуть его: ведь она...

Шмит повернулся к Андрею Иванычу, к искаженному его лицу, но не увидел в нем удивления. Шмитовы глаза узко сощурились, стали как лезвие.

— Вы... Вы уже знаете? Почему вы знаете это раньше, чем я?

Андрей Иваныч сморщился, поперек глотки стал ком, он досадливо махнул рукой.

— Э, оставьте, мы с вами после! Вы поглядите на нее: вы ведь ей в ноги должны кланяться.

Шмит выдавил сквозь стиснутые зубы:

— Муз-зы-кант! Знаю я этих муз-зы...

Но услышал за собой легкий шорох. Обернулся, а Маруся-то как стояла, так — села на земь, поджав ноги, а глаза закрыты.

Шмит поднял ее на руки и понес.

14

Снежный узор

Каждый день вечером подходил Андрей Иваныч к Шмитовской калитке, брался за звонок и назад уходил: не мог, ну, вот, не мог он такой, проклятый, войти туда, увидеть Марусю. Как же не проклятый: зачем не убил в ту ночь генерала? Шмит бы убил.

Но и так — сидеть в постылой своей комнате и не знать, что там, — еще больше не мог.

"Господи, только бы как-нибудь увидать, хоть немного, что она"...

И на пятый день к вечеру Андрей Иваныч придумал-таки. Напялил пальто, взял было шашку, — поставил опять в угол.

— Куда это вы, на ночь глядя? — спросил Гусляйкин и, показалось Андрею Иванычу, подмигнул.

— Я... Я не скоро приду, ложись спать.

На улице снег вчера выпал. Не настоящий, конечно, не русский: так только, сверху чуть-чуть.

"Снег — это не хорошо, хрустит, и от месяца — как днем, ясно... Все равно. Надо же"...

Андрей Иваныч зуб на зуб не попадал — от холода, что ли? Да нет: мороз — не Бог весть.

Окна у Шмитов завешаны были морозным самоцветным узором. Андрей Иваныч поднялся на цыпочки и терпеливо стал дыханием согревать стекло, чтобы увидеть, — Господи, если б хоть немного, хоть немного...

Теперь было видно: они в своей столовой. Дверь оттуда прикрыта неплотно, и в гостиной синий полусвет, смутно-острые тени от пальмы — за тем самым диваном.

Дрожал, глядел Андрей Иваныч в протаянный круг. Мерзли руки и ноги. Нескоро, может, через полчаса, может, через час, пришла мысль:

— Стоять и подглядывать, и подглядывать, как Агния какая-нибудь! До чего ж, значит, я... Надо уйти...

Отошел на шаг — и стал: уйти дальше не было сил. Вдруг видел: на снежном экране окна две тени заколыхались — большая и поменьше. Все забыл, кинулся к окну, затрясся, как в лихорадке.

Проталины в окне затянулись уж снежной дымкой, ничего не понять... "Господи, что они там делают, что они делают?"

Маленькая тень поменьшела, стала на колени, а может упала, а может... К ней нагнулась большая тень...

Впился, всем своим существом ушел Андрей Иваныч в проклятую темную завесу, силится ее разорвать...

— Тр-рах! — стекло треснуло, на лбу ожог боли, мокрое. Кровь... Отскочил Андрей Иваныч, ошалело глядел на осколки у ног, стоял и глядел, как вкопаный, — бежать и не подумал.

Очнулся, — возле него был уж Шмит.

— А-а, так это вы, муз-з-зы-кант? Подсматривали-с?

Совсем близко от себя увидел Андрей Иваныч острые, бешеные Шмитовы глаза.

— Недурно! Вы здесь быстро ак-климатизировались.

"Поднять руку? Ударить? Но ведь правда же, но ведь правда..." — застонал Андрей Иваныч. И стоял. И молчал.

— На этот раз... Пош-шли вон!

Шмит захлопнул за собою калитку.

... "Сейчас же, — сейчас! Притти — и пулю в лоб... Сейчас же!" — побежал Андрей Иваныч домой. Лицо горело, как от пощечин.

Не мог теперь сказать: отпирал Гусляйкин или нет. Как будто нет, и все-таки уже сидел Андрей Иваныч за столом и глядел на револьвер, под лампой — такой противно-блестящий. "Но ведь никто же абсолютно не видел. Но и не в этом даже дело. Главное, что ведь Маруся же одна останется — одна, с ним, ведь он, может, ее бьет, и если меня не будет"...

Он спрятал револьвер, запер торопливо на ключ. Дунул на лампу, так в сапогах прямо и бухнулся на постель.

— О, проклятый — о, проклятый трус!

...Склизкое, туманное-серое утро. Гусляйкин нещадно расталкивал Андрея Иваныча:

— Ваш-бродие, покупочки из города привезли.

— Что, что такое?.. Какие покупочки?

— Да ведь вы, ваш-бродь, сами о прошлой неделе заказывали. Ведь завтра-то, чать, Рожество Христово.

Залеченные сном мысли проснулись, заныли.

Рождество... Самый любимый праздник. Яркие огни, бал, чей-то милый надушеный платочек, украденый и хранившийся под подушкой... Все было, все кончилось, а теперь...

Было так: он канул на дно, на дне сидел, а над головой ходило мутное, тяжелое озеро. И оттуда, сверху, доходило все глухо, смутно, туманно.

Очень странно было Андрею Иванычу надеть на первый день мундир и итти с визитами. Но, заведенный каким-то заводом, пошел. Поздравлял, целовал руки, даже смеялся. Но сам слышал свой смех...

Где-то, — может у Нестеровых, может у Иваненко, может у Косинских — был спор о поросенке: как его на стол подавать? Бумажной бахромой надо его украшать, или нет? Окорок, конечно, надо, всякому это ведомо, а вот поросенка-то как? И когда спросили спорщики Андрей-Иванычево мнение ("Вы ведь недавно из России — это очень важно") — тут Андрей Иваныч и засмеялся, и услышал: "Я смеюсь? я?".

В каком-то доме, кажется, у Нечесов, из столовой были видны через открытые двери две супружеских, рядом стоящих, брюхатых кровати. Глядя туда и допивая, может, пятую, может, десятую рюмку, Андрей Иваныч неожиданно спросил:

— А что теперь у Шмитов?

— Чудак, да ведь у вас такое сокровище — Гусляйкин. У него спросите, он в кухне у Шмитов день и ночь, — посоветовала кругленькая капитанша.

От коньяку, от водки, от налегшей плиты ночи — мутное озеро стало еще глубже, еще тяжелей.

Андрей Иваныч сидел после визитов у себя за столом,

42

бессмысленно глядел на лампу, не слушал, что там такое рассказывает Гусляйкин, стоя у притолки. Потом вспомнилось: сокровище. Загорелся Андрей Иваныч и спросил, не глядя:

— А у капитана Шмита давно был?

— Нынче бал. Как же. Там дела, там дела, и-и-и... Комедия!

Нельзя было слушать Андрею Иванычу — и еще больше нельзя не слушать. Весь полыхал от стыда — и слушал. И говорил:

— А дальше? Ну, а потом что?

А когда кончил Гусляйкин, — Андрей Иваныч, шатаясь, подошел к нему.

— К-как ты мне смел такие... такие вещи рассказывать, как ты смел?

— Ваш-бродь, да вы сами ведь...

— ...Как ты смел... про нее, про не-е, с-сволочь?

Хлясь, — так и ушла Андрей-Иванычева рука в бланманже какое-то, в кисельное: такие были у Гусляйкина жидкие щеки. Так это противно: как будто, вот, вымазана теперь вся рука.

15

Нечистая сила

Января двадцать пятого — мученицы Фелицаты память, генеральши Фелицаты Африкановны именины. И уж так у генерала Азанчеева заведено: обед на Фелицату и вечер званый. Да и не простой обед и вечер не простой, а всегда с закорючкой, с заковыристой загвоздкой какою-нибудь. То поднесет перед обедом всем офицершам по букету роз: "Пожалуйте, барыни, голубушки, сам для вас в оранжерее выводил, сам и рвал". Барыни, конечно, рады, благодарственны: "Ах, какой вы милый, мерси, какой запах"... Разок нюхнули, другой, да как зачихают все: розы-то табаком нюхательным позасыпаны! А то, вот, на последнем обеде в прошлом, стало быть, году такая была потеха. Обед состряпал генерал — просто на диво, а уж на особицу хвастался бульоном. И правда, — янтарный, как шампанское, островки прозрачного жира сверху, и засыпан китайской лапшой: и драконы тут, и звезды, и рыбы, и человечки. После обеда гостям уж ходить не в мочь, — повез генерал гостей кататься, обещал им какую-то

43

диковину показать. И когда этак верст с пяток проехали, скомандовал генерал: — стой! — и об'явил всем своим верноподданным:

— А на бульоне-то, господа, не жир это, а касторка сверху плавала. А вам никому и в голову не влетело, ха-ха-ха!

Ну-у... И что тут только же было!

Надо быть, и в этом году что-нибудь уж такое да будет. Хоть и удрал генерал в город от Шмита, хоть и сидит там по сию пору, но не может того быть, чтобы к Фелицатину дню не вернулся. Как же, ведь уже капитан Нечеса, за вечным отпуском командира — старший, получил генеральский приказ согнать всех солдат и начать работы — поле утрамбовывать... Всякие эти занятия там да стрельбы, конечно, похерили: этого добра — каждый день не оберешься, а генеральшины-то именины раз в году, чай, бывают.

И рассыпались солдатики по всему по полю за пороховым погребом, — ровно муравьи серые. Еще слава-те, Господи, туман потянул да оттепело, а то бы землю никаким каком не угрызть. Оно, правда, грязновато, рассусолилась глина, мажется, липнет, и глядят все солдаты алахарями. Ну, да тут уж ничего не попишешь: служба. И роются, роются, тачки таскают, копошатся серые, смирные, вдвое согнутые. Не то на поле бега будут, не то еще что: до Фелицатина дня — ни одной живой душе не известен генеральский секрет...

В сторонке, на чураке сидел Тихмень, отвернувшись: надзирал за работами. Все ему было тошно: перемазанные чумички-солдаты и смирная их точнотакность. И туман — желтый гад ползучий, и пуще всего, сам он, Тихмень.

В самом деле: какой-то сопливец Петяшка, — и вдруг, все идет к чорту. Раньше было все так ясно: были "вещи к себе", до которых Тихменю никакого не было дела, и были "отражения вещей" в Тихмене, Тихменю покорные и подвластные. И вот — не угодно ли! Прямо какая-то нечистая сила вселилась ей-Богу.

... Церковь, солнечный луч, Тихменя кто-то из больших уводит за руку, а он карачится, хочет еще послушать, как кликуша выкликает — любопытно и жутко: в одно время и своим кличет, бабьим голосом — и чужим, собачьим.

"Да. Разве не собачье все это? И эта гадость, любовь эта самая, и паршивый щенок Петяшка?"

А собачий голос — а нечистая сила — в Тихмене скулит:

"Петяшка... Ах, как же бы это узнать? Наверняка бы? Чей же Петяшка, в самом деле?"

— Здравствуй, Тихмень! О чем замечтался?

Вздрогнули оба Тихменя, — настоящий и собачий, — сомкнулись в одного, один этот вскочил.

Пред Тихменем в коробушке, в таратайке казенной, сидела капитанша Нечеса. Нынче в первый раз она встала с постели, и первый ее выезд был к генеральше, или, собственно, — к Агнии. Душа горела — все дотошно разведать, как и что было у генерала с Маруськой этой Шмитовой. "Ах, слава Богу, наказал ее Господь за гордыню, а то этакая принцесса на горошине"...

Посудачила, ямочками поиграла, укатила капитанша. И сейчас же на чураке опять уселось двое Тихменей, затолкались, заспорили.

Собачий Тихмень молвил:

— А капитан-то Нечеса остался ведь один теперь, да-с...

И с присущим ему собачьим нюхом отыскал какую-то, человеку невидную, тропку, побежал — и закрутил, и зарыскал по ней. Долго кружил и вдруг — стоп, нашел, вынюхал:

— Олух же, олух же я! Ну, конечно, пойти и спросить самого капитана. Уж он-то знает, чей Петяшка... Ему — да не знать?

Тихмень встал, поманил к себе пальцем Аржаного.

— Ну, как у нас дела?

В строю разиня — тут, в земляном деле, Аржаной — козырь и мастак, и за всех ответчик.

— Да так что, ваш-бродь, пошти все уж урки свои кончили. Рази там каких-нить штук-человек десять осталось...

— Штук-человек десять? Ну, ладно. — Тихмень махнул рукой:

— Кончайте без меня, я пойду. Ты пригляди, Аржаной.

Торопливо Тихмень вбежал в Нечесовскую столовую. Слава Богу, капитан дома.

Перед капитаном стоял солдат. Капитан Нечеса очень важно отсыпал порошок. Подбросил, прикинул на ладони: годится.

— На вот, во здравие пей. Ну, что там, что там?..

Мнил себя Нечеса очень недурным лекарем. Да и солдат к нему веселей шел, чем к фельдшеру, или, там, к доктору: те-то уж больно мудрены.

Одно горе: уже пять лет утянул кто-то из пациентов у Нечесы "Школу здоровья", и остался у капитана только "Домашний скотолечебник". Делать нечего, пришлось по скотолечебнику орудовать. И, ей-Богу, не хуже выходило: что ж, правда, велика ли разница? Устройство одно, что у человека, что у скотины.

После медицины у капитана настроение бывало расчудесное. Пощекотал он Тихменю ребра:

— Ну, что брат-Пушкин?

— Да вот, хотел, было, я спросить...

— Нет, брат, ты сначала садись, выпей, а там — увидим.

Сели. Выпили, закусили. Опять собрался Тихмень с духом, издалека стал под'езжать: то да се, да как, мол, Петяшку будет трудно на ноги поставить... Но капитан Тихменю живо окорот сделал:

— За обедом? О высоких материях? Да ты спятил! Видать, в медицине ни бельмеса не понимаешь. Разве можно — такие разговоры, чтоб кровь в голову шла? Надо, чтоб вся в желудок уходила...

Ах, ты Господи! Что ты будешь делать? А тут еще влетели все восемь капитановых оборванцев и с ними Топтыгин на задних лапах — денщик Яшка Ломайлов.

Нечесята хихикали, шептались, заговор какой-то. Потом, фыркая, подлетела к Тихменю старшенькая девочка Варюшка

— Дядь, а дядь, у тебя печенки есть? А?

— Пече-печенки, — залился капитан.

Тихмень морщился.

— Ну, есть, а тебе на что?

— А мы нынче за обедом печенку с'едали, а мы за обедом...

— А мы за обедом... а мы за обедом... — запрыгали, захлопали, заорали, кругом понеслись ведьмята. Не вытерпел капитан, вскочил, закружился с ними, — все равно, чьи они: капитановы, ад'ютантовы, Молочковы...

Потом все вместе играли в кулючки. Потом составляли лекарства: капитан и ведьмята — доктора, Яшка Ломайлов — фершал, а Тихмень — пациент... А потом уж пора и спать.

Так и остался Тихмень на бобах: опять ничего не узнал.

16

Пружинка

Нарочно, смеху для, распустил Молочко слух, что генерал вернулся из города. И Шмит на этом поймался. Сейчас же закипел: иду!

Он стоял перед зеркалом, сумрачно вертел в руках

46

крахмальный воротничек. Положил на подзеркальник, позвал Марусю

— Пожалуйста, погляди вот — чистый? Можно еще надеть? У меня больше нет. Ведь, у нас ничего теперь нету.

Узенькая — еще уже, чем была, с двумя морщинками похоронными по углам губ, подошла Маруся.

— Покажи-ка? Да, он... да, пожалуй, еще годится...

И, все еще вращая воротничек в руке, глаз не спуская с воротничка — сказала тихо:

— О, если бы не жить! Позволь умереть... позволь мне, Шмит!

Да, это она, Маруся: паутинка — и смерть, воротничек — и не жить...

— Умереть? — усмехнулся Шмит. — Умереть никогда не трудно, вот — убить...

Он быстро кончил одеваться и вышел. По морозной, звонкой земле шел — земли не чуял: так напружены были в нем все жилочки, как стальные струны. Шел злобно-твердый, отточенный, быстрый.

Ненавистно-знакомая дверь, обитая желтой клеенкой, ненавистно-сияющий генеральский Ларька.

— Да их преосходительство и не думали, и не приезжали вот ей-Боженьку же, провалиться мне.

Шмит стоял упруго, готовый прыгнуть, что-то держал наготове в кармане.

— Да вот не верите, ваше-скородь, так пожалте, сами поглядите...

И Ларька широко разинул дверь, сам стал в стороне.

"Если открывает — значит нету, правда... Вломиться — и опять остаться в дураках?"

Так резко повернулся Шмит на пороге, что Ларька назад даже прянул и глаза зажмурил.

Шмит стиснул зубы, стиснул рукоятку револьвера, всего себя сдавил в злую пружину. Разжаться бы, ударить! Побежал в казармы — почему, и сам того не знал.

В казарме — пусто-чистые из бревен стены. Все были там, за пороховым погребом, — что-то никому не ведомое устраивали к генеральшиным именинам. Один только дневальный сонно слонялся, — серый солдатик, все у него серое: и глаза, и волосы, и лицо — все, как сукно солдатское.

Шмит бежал вдоль бревенчатой стены, мигали в глазах оголенные нары. За погон что-то задело, — глянул на стену, вверх: там — на одной петельке качалась таблица отдания чести.

Шмит рванул таблицу:

— Эт-то что такое? Ты у меня...

И так ударил голосом на "эт-то", так развернул в этом слове мучительную ту пружину, что вышло, должно быть, страшным простое "это": серый солдатик шатнулся, как от удара.

Но Шмит был уж далеко: этот серый — не то. Шмит бежал туда, где работали, — к пороховому, где было много.

Только трех солдатиков нынче, вот, и не погнали на работы: в казарме дневального, у погреба — часового и красильщика, который патронные ящики красил.

А красил ящики не какой-нибудь дурол, какой не знает и грунтовки положить, — красил ящики рядовой Муравей, своего дела мастер известный. Не то что-что, а даже когда спектакль ставили о запрошлом году: "Царь Максимьян и его непокорный сын Адольфа" — так даже для спектакля все рядовой Муравей расписывал. И он же, Муравей, на гармошке первый специалист: как он — страдательную сыграть никто не мог. Рядовой Муравей себе цену знал.

И, вот, стоял он маленький, чернявый, будто даже и не русский, стоял и душу свою тешил. Ящики-то зеленым помазать — это еще дело годит. А пока что, зеленью и подгрунтовкой белой, расписывал он на ящике вид: речка, как есть живая ихняя Мамура-речка, а над речкой — ветлы, а над ве...

— А-ах! — как гром разразила его сверху Шмитова рука.

— Т-ты красишь? Ты... красишь? Я... тебе... что... велел?

И еще что-то кричал Шмит — может, и не слова даже, очень даже просто, что не слова, — кричал и бил прислонившегося к зарядному ящику Муравья. Бил — и все больше хотелось бить: до крови, до стонов, до закатившихся глаз. Так же неудержно, как раньше хотелось без конца тоненькую Марусю подымать на руки, целовать — неудержно.

Со страху ли, или уж больно большим преступником видел себя Муравей, но только не кричал он. А Шмиту попритчилось тут упрямство. Нужно было одолеть, нужен был... нужен был — задыхался Шмит — нужен был крик, стон.

Шмит вытащил из кармана револьвер — и только тут Муравей заорал благим матом.

На поле за пороховым погребом услыхали. Размахивали руками, прыгали через канавы, неслись сюда черные фигуры. И впереди был Андрей Иваныч: он дежурил сегодня с солдатами.

Шмит поглядел на Андрея Иваныча, что-то хотел ему

сказать, но уж близко дышали, запалились, бежавши, солдаты. Шмит махнул рукой и медленно пошел.

Солдаты стояли в кругу вкруг лежащего, вытягивали головы, долго никто не насмеливался подойти. Потом вылез, кряхтя, из середины неуклюже-степенный детина, присел на карачки к Муравью:

— Э-эх, сердешный, как он тебя, знычть, ловко оборудовал...

Андрей Иваныч узнал Аржаного. Аржаной приподнял голову Муравью и умело, как будто это не впервой ему, обматывал ситцевым платком.

"Да, это Аржаной, тот самый, что манзу убил. Тот самый..." — И задумался Андрей Иваныч.

17

Клуб ланцепупов

Все уж это знали, что Шмит совсем, как бешеный, бегает. И когда нежданно-негаданно вошел он в столовую собрания, все, как по команде, притихли, прижухли, даром, что навеселе были.

— Ну, что ж вы, господа? О чем? — Шмит оперся о стол, с тяжелой усмешкой.

Все сидели, а он стоял: вот это будто, самое неловкое и было, вертелись. Кто-то не вытерпел и вскочил:

— Мы... мы ане-анекдот...

— Ка-акой анекдот?

... "Какой?" Как нарочно, вылетели все из головы: какой же. "А вдруг он нюхом учует, что мы говорили о нем и..."

Выручил капитан Нечеса. Поковырял сизый свой нос и сказал:

— А мы... это, да, армянский — знаешь? Одын ходыт, другой ходыт... двэнадцатый ходыт, что такой?

Шмит почти улыбнулся:

— А-а, двэнадцатый ходыт? Стало быть, капитан-Нечесовы дети...

Все подхватили, загоготали облегченно:

"Что же, он даже и ничего вовсе, даже и шутит"...

Шмит обвел их всех острыми, железно-серыми глазами, каждого ощупал отдельно и сказал:

— Господа, а не осточертело вам здесь? Не пора ли чего-нибудь этакого похлеще? А? Не ахнуть ли нам в город, в ланцепуповский клубик, например? Чуть ли не с год ведь не были.

Шмит глядел, искал: "Поедут — не поедут? А вдруг — поедут, и мы там где-нибудь встретим Аза... Азанчеева? Вдруг — ведь может же"...

Публика оживилась.

— Теперь? Да ведь о полночь уж... С ума спятить! — всю ночь переть туда — ехать... Ветер, качать будет...

— Ну-с? Как же? — усмешкой хлестнул Шмит Андрея Иваныча, уперся в широкий Андрея-Иванычев лоб.

Андрей Иваныч вышел вперед и сказал, хотя и не знал даже толком, что за клуб такой ланцепупов, — сказал:

— Я еду.

Лиха беда начать, а там уж пойдет. Загалдели: — и я, и я! Засуетились, застегивали шинели, пошли к берегу. Не поехал только Нечеса.

На воде был такой холодина, что все языки подвязались. Свистел, жуть нагонял ветер. Дремали, сидя. Без конца, всю ночь, колотилась головою волна о железный борт.

Под'езжали на рассвете. Медленно, презрительно, величаво выкатывалось из воды солнце. Сразу стало стыдно клевать носом, вскочили, глядели на непроснувшийся, розово-синий на горе город.

Растолкали на пристани китайцев-извозчиков и покатили гуськом на пяти дребезгливых подводах на самый край города.

На звонок дверь, как у Кащея во дворце, сама растворилась: людей не видать было. Шопотом, воровато вошли в приготовленную комнату, вида необычного, очень длинную: коридор, а не комната. У одной стены — узкий, весь в бутылках, стол. А насупротив, где окна — ничего: пусто, гладко.

Шмит налил полнехонек стакан рома, выпил, рука у него чуть дрожала, глаза узились и кололи.

— Ну, что ж, господа, жребий?

Кинули жребий. Выпал орел четверым: Шмиту, Молочке, Тихменю, Нестерову. Отчего-то розовость Молочкова мигом полиняла.

— Я бросаю! — крикнул Шмит и кинул за окно большой, весело сверкнувший золотой.

На раскрытом окне опущена и парусом вздувается штора. Стали у окна попарно — справа и слева, вынули револьверы,

50

вытянулись, ждали. Резкий, кованный профиль Шмита, острый, выдвинутый вперед подбородок, закрытые глаза...

— Но зачем же они... — поднял было голову Андрей Иваныч: ничего не понимал.

На него цыкнули: притих. У всех были красные, дикие глаза, с прозеленью лица: может, от бессонной ночи. Вихрились какие-то несуразные обрывки слов в головах. Лили в себя спирт. Сердце — в нестерпимых, сладко-мучительных тисках.

Плыл вверх солнечный квадрат на белой занавеске. Все так же молча сидели. Не знал никто: час прошел, или два, или...

Шаги по тротуару под окном. Какая-то одинаковая у всех судорога — и четыре нестройных, вразброд, выстрела.

Вскочили, взбудораженно загалдели, все кинулись к окну. У самой стены лежал на спине в ватной синей кофте манза: нагнулся, было, за новеньким, золотым. Но поднять, должно быть, не успел.

Уж что было дальше, не видал Андрей Иваныч. От ночи ли бессонной, от винного ли дурмана, или еще от чего, но только сомлел он. Как стоял у окна, так тут же на пол и сел.

Очнулся: совсем близко над ним Шмитовы железно-серые глаза.

— Разве мыслимо? — Шмит встал с колен, выпрямился. — Офицер, как институтка, на кровь не может глядеть. Я всегда это говорю: офицер в мирное время должен учиться убивать...

Андрей Иваныч медленно поднимался с полу — шатнулся — схватился за Тихменя.

Тихмень взял его под руку, повел к выходу:

— Пойдемте, голубчик, пойдемте. Вам еще рано, погодите...

Вышли в маленький голый садик с почернелым забором, с печально-непокрытой землей. Только недавно еще вышло на небо солнце, а уж затягивался смертной пленкой тумана его зрак.

Тихмень сбросил фуражку, провел рукой по зализам своим, глянул вверх:

— Скверно. Все скверно. Так скверно! — сказал он скрипуче. Махнул рукой, и опять сидел молча, слишком длинный, непрочный. Полз ржавый, ржавящий, желтый туман.

— Хотя бы война какая, что ли... — буркнул в нос Тихмень.

— Хороши мы будем на войне!

Хотел это только сказать или сказал — и сам того не знал Андрей Иваныч: в голове колотилось, клочьями неслось стремглав, путалось.

18

Альянс

Пост великий, мокреть, теплынь. Чавкает под ногами грязь, — так чавкает, что вот-вот человека проглотит.

И глотает. Нету уж сил карачиться, сонный тонет человек и, засыпая, молит: "Ох, война бы, что ли... Пожар бы, запой бы уж, что ли"...

Чавкает грязь. Гиблые бродят люди по косе, в океан уходящей. Чертятся на черном вдалеке белые полосочки — корабли. Ах, не завернет ли какой-нибудь и сюда? С великого поста ведь всегда заходить начинают. Вот, в прошлом году уж целых два в феврале зашли, — заверни, миленький, ах, заверни... Нет! Ну, так, может быть — завтра?

И завтра пришло. Как снег на голову, как веселый снег — свалились французы.

В тот час сидели на пристани Молочко и Тихмень, вспоминали клуб ланцепупов, глядели в даль. Вдали дымок, и все ближе, все быстрее — и уж вот он, весь виден — крейсер, белый и ладный, как лебедь, и французский флаг. Тихмень оробел и наутек пустился. А Молочко остался, загарцовал, взыграл: он первым все узнает, он первым — встретит, он первым — расскажет!

— Я счастлив приветствовать вас на далекой, хотя и русской... то есть, на русской, хотя и далекой земле...

Вот как выразился Молочко: он лицом в грязь не ударит. Ведь у него француженка-гувернантка была...

Французский лейтенантик, которому сказана была Молочкова речь, не улыбнулся — сдержался:

— Наш адмирал просит разрешения осмотреть батарею и пост.

— Господи, да я... Я побегу, я — в момент, — и помчался Молочко.

Но к кому сунуться-то, к кому бежать? Никого из начальства нету, за старшего Нечеса остался. А Нечеса очень невразумителен бывает, коли не в пору его после обеда взбудить. Беда да и только!

— Капитан Нечеса, капитан... Вставайте же, французский адмирал приехал, желает пост осмотреть...

— Хрр... пфф... хрр... Ко-кого?

— Адмирал, говорю, французский!

— К ч-чортовой матери адмирала, спать хочу. Хрр... пфф...

Молочко стянул с капитана накинутый сверху китайский халат, крикнул Ломайлова:

— Ломайлов, квасу капитану!

Но Ломайлова нету: ушел нынче Ломайлов трубы чистить. Принесла квасу сама капитанша, Катюшка.

Капитан хлебнул, кой-какие слова стал понимать:

— Францу-узы? Да что они, спятили? Зачем?

— Капитан, поскорей, ради Бога! Ведь у нас с французами альянс... Ей-Богу, нагорит!

— О, Господи, откуда? за что? Солдаты, солдаты-то каковы с работами этими генеральскими! Молочко, гони туда, к пороховому, в сей секунд. Всех чтобы, дьяволов, в лес угнали! Ни один чтобы с-собачий сын носу не показал!

И вот, капитан Нечеса стоит, наконец, на пристани, распахнута шинель, на мундире все регалии.

Главная спица в колеснице — Молочко — вертится, сверкает, переводит. Адмирал французский не первой уж молодости, а тонкий да ловкий, как в корсете. Вынул книжечку, любопытствует, записывает.

— А какие у вас порционы солдатам? Так, так. А лошадям? Сколько рот? А сколько прислуги на орудие? А-а, так!

Пошли всем кагалом в казармы. Там уж успели прибрать, почистить: ничего себе. Только дух очень русский стоит. Заторопились французы на вольный воздух.

— Ну, теперь их только к пороховому — и все, и слава Богу...

И оставался уж один до порохового квартал, как из дома поручика Нестерова вылез Ломайлов. Кончил трубы чистить, очень аккуратно все почистил, и в зале, и в спальне. Кончил — и шел себе до дому с метлой, в отрепьях — лохматая, черная образина.

Адмирал любопытно вскинул пенснэ.

— А-а... А это кто же? — и повернулся к Молочке за ответом.

Молочко, утопая, взглядом — молил Нечесу, Нечеса свирепо-символически ворочал глазами.

— Это... э-это ланцепуп, ваше превосходительство! — вякнул Молочко, вякнул первое, что в голову взбрело. Говорили перед тем с Тихменем о ланцепупах, ну и...

— Lan-ce-poupe? Это... что ж это значит?

— Это... ме-местный инородец, ваше превосходительство.

Адмирал очень заинтересовался:

— Во-от как? Я и не слыхал такого наименования до сих пор, а этнографией очень интересуюсь...

— Недавно только открыты, ваше превосходительство.

Генерал записал в книжку:

— Lan-ce-poupe... Очень интересно, очень. Я сделаю доклад в Географическом обществе. Непременно...

Нечеса задыхался от нетерпенья узнать, что такое вышло и что за разговор странный — о ланцепупах.

А адмирал — час от часу не легче — уж новую загогулю загнул Молочке:

— Но... почему же я не вижу ваших солдат, ни одного?

— О-о-они, ваше превосходительство, в... в лесу.

— В лесу-у? Все? Гм, зачем же?

— Их, ваше превосходительство, ланце-ла-ланцепупы эти самые... То есть они все отправлены, наши солдаты, то есть, на усмирение, значит, ланцепупов...

— Ах, так это, значит — не совсем еще покоренный народец? Да у вас тут сюрпризы на каждом шагу!

"Сюрпризы! Какие, вот, от тебя еще будут сюрпризы? Заврусь, запутаюсь, погублю"... — Молочку уж цыганский пот со страху прошибал.

Но адмиралу было довольно и этих открытий. Ходил теперь — и только головою кивал: "Хорошо, очень хорошо, очень интересно". Ведь не каждый это день случается — открывать новые племена.

19

Мученики

И откуда только прыть взялась у такого человека губошлепого, как капитан Нечеса? Надо быть — с радости, что негаданно все так ловко сошло с французами. И затеял Нечеса устроить в собрании французам пир на весь мир.

Французы согласились: никак нельзя, альянс. И пошла писать губерния. В квартирах офицерских запахло бензином денщики бросили все дела — наверчивали офицершам папильотки, а Ларька генеральский разносил приглашения.

Увидала Маруся, как Ларька в калитку к ним вкатился, так и заметалась, загорелась, забилась. Как на ладони, вот встал перед ней вечер тот проклятый: заря-лихоманка, семь крестов, они с Андрей Иванычем вдвоем, и Ларька подает письмо генеральское.

— Шмит, не пускай его, Шмит, не пускай, не надо!

В Шмите сжалась пружинка, затомила, заныла, запросила мук.

Шмит усмехнулся:

— Не мочь — надо раньше было. А теперь уж моги, — нарочно открыл дверь из столовой и крикнул в кухню:

— Эй, кто там, давай-ка сюда!

Ларькино имя все же не смог Шмит назвать Ларька вкатился медно-сияющий, подал билетец, рассказывал:

— И хлопот же, и хлопот с французами этими, беда!

Заставил себя Шмит, расспрашивал нарочно, выдавил даже улыбку. И Ларька вдруг насмелился:

— А что, ваше-скородие, осмелюсь спросить: французы водки-то принимают, али как? А то ведь, что ж мы с ними...

И даже засмеялся Шмит. Засмеялся — и звенит все выше, на самых высоких верхах звенит, не сорваться бы...

А Маруся — у окна, к Ларьке спиной, — уйти не посмела, — стоит и плечики худенькие ходуном ходят. Видит Шмит — и смеяться перестать не может, все выше звенит, все выше...

Одни. Кинулась к Шмиту, на холодный пол перед ним, протянула руки:

— Шмит, но ведь я же для тебя... для тебя то сделала. Ведь мне же было ужасно, отвратительно, — ведь ты веришь?

Шмита свело судорогой-улыбкой:

— И в сотый раз скажу: значит — было не достаточно мерзко, не достаточно отвратительно. Значит, жалость ко мне была сильнее, чем любовь ко мне...

И не знает Маруся, что сделать, чтобы он... Туго заплетены пальцы... Господи, что же сделать, если у нее — любовь, а у него — ум, и ничего не скажешь, не придумаешь. Но неужели же он сам верит в то, что говорит? Ах, ничего, ничего не понять! Заковался, замкнулся, не он стал, не Шмит...

Маруся встала с холодного пола, тихо ушла в зал. Пугали и томили темные углы. Но не так, как раньше: не Бука лохматый мерещился, не Полудушка — веселый сумасшедший, не Враг — прыгучий нечистый, — мерещилось Шмитово чужое, непонятное лицо.

Зажгла одну лампу на столе; влезла на стул, зажгла стенную. Но стало только еще больше похоже на тот вечер: тогда тоже ходила одна и зажигала все лампы.

Потушила, пошла в спальню. "У Шмита — все носки в

дырьях, а я целый месяц все только собираюсь... Не распускаться, нельзя распускаться".

Села, нагнулась, штопала. Досадливо вытирала глаза: все набегало на них, застило, работы было не видать. Было уж поздно — о полночь, когда кончила всю штопку. Выдвинула ящик, укладывала, на комоде трепетала свеча.

Пришел Шмит. Тяжкий, высокий, мерял спальню взад и вперед, скрипел пол. Пружинка та самая билась внутри, мучила и мук искала.

Бросил камень Марусе:

— Ложись, пора.

Она разделась, покорная, маленькая. В рубашке — совсем, как дитенок: такая тонкая, такие ручки худенькие. Только две эти старушечьих морщинки по углам губ...

Подошел Шмит, дышал, как запаленный зверь. Маруся, с закрытыми глазами, лежа, сказала:

— Шмит, но ведь... Шмит... ты любишь ведь? Ты ведь это хочешь — не так, не просто, как...

— Любить? Я любил...

Шмит задохнулся. "Марусенька, Марусенька, ведь я умираю. Марусенька, родная, спаси!" Но вслух сказал он:

— Но ведь ты продолжаешь уверять, что меня любишь хм! Ну, и довольно с тебя. А я... просто хочу.

"Нет, это он так, притворяется... Было бы ужасно"... — Шмит, не надо, не надо же, ради-ради...

Но со Шмитом совладать ей разве? Измял всю, скрутил, силком заставил. Мучительно, смертно-сладко было терзать ее, дитенка худенького, милого, ее — такую чистую, такую виноватую, такую любимую...

Так унизительно, так больно было Марусе, что последний, самый отчаянный не вырвался, а ушел крик вглубь, задушенный, пронизал злой болью. И на минуту, на секунду одну озарил далекий сполох: поняла на секунду Шмитову великую злобу, сестру великой...

Но Шмит уж уходил. Ушел в гостиную — там спать. А может, и не спать, а ходить всю ночь напролет и глядеть в синие, совиноглазые окна.

Лежала Маруся одна, во тьме, в пустоте. Исходила слезами неисходными.

"Он сказал: вы великая, — вспомнила Андрея Иваныча. — Какая же великая: жалкая, стыдная. Если б он знал все, не сказал бы"...

Как знать.

20

Пир на весь мир

Музыка: пять горнистов-солдат и рядовой Муравей с гармошкой. Эх, музыка, вот, и подкузьмила малость, а то бы — совсем хорошо. На стенах ветки зеленые, флажки трепыхаются. Лампы от усердия прикапчивают даже. На парадных шарфах серебро светит. На барынях брякают брошки, браслеты бабушкины заветные. И не лучше ли всего розово-сияющий распорядитель Молочко?

Но Тихмень на все глядел скептично — был он еще совершенно трезв:

"Все это, конечно, ложь. Но это блестит, да. А так как единственная истина — смерть, и так как я еще живу, то и надо жить ложью, поверхностно. Значит, правы Молочки, и надо быть пустоголовым... Но практически? Ах, я сегодня что-то путаю..."

Мимо Тихменя на музыкантов ринулся Молочко:

— Туш, туш! "Двуглавый Орел"! Идут, идут...

Музыка заверещала, задудела, дамы поднялись на цыпочках. Вошли французы — все затянутые, надушенные, поджарые, ладные во всех статьях.

Тихмень сперва рот разинул вместе со всеми на минутку. Потом выделил, обмыслил: французы — и наши. Знакомые залосненные наши сюртуки, оробелые лица, перекрашенные платья дам...

"Да... И вот, если ложь окажется еще один раз лжива... Ну да, эн квадрат, минус на минус — плюс... Практически, следовательно... Да, что бишь? Я путаюсь, путаюсь"...

— Слушьте-ка, Половец, — дернул Тихмень Андрея Иваныча, — пойдемте пока что по одной тюкнем: тошнехонько что-й-то...

Да, и Андрею Иванычу было нужно выпить. Хлопнули по одной. В буфетной голошил коньяк Нечеса — для храбрости: как-никак — он ведь за главного.

— Шмит-то нынче веселый какой, у-у! — пробурчал Нечеса сквозь мокрые усы.

— Как, разве тут Шмит? — Андрей Иваныч кинулся обратно в зал.

Затомила в сердце горько-сладкая томь: не Шмита искал

он, нет... Проплывали мимо французы — в легчайшем пухе вальса мелькнул потный и красный от счастья Молочко.

"Наврал Нечеса — и к чему? Нет ее. Никого нету"...

И вдруг — громкий, звенящий железом смех Шмита. Кинулся туда. Вихрились, кружились, толкали пары; казалось, не добраться.

Шмит и Маруся стояли с французским адмиралом. Шмит поглядел сквозь Андрея Иваныча — сквозь пустой стакан, выпитый весь до дна.

У Андрея Иваныча глаза заволокло туманом, он быстро повернулся от Шмита к Марусе, взял тоненькую ее ручку, держал, — ах, если бы было можно не отпускать! "Но почему же дрожит, да, конечно — дрожит у ней рука".

По-французски через пень-колоду понимал Андрей Иваныч, вслушался.

— ...Жаль, нет генерала, говорил Шмит, — удивительнейший человек. Вот моя жена — большая почитательница генерала. Я положительно ревную. В одно прекрасное время она может...

Французы улыбались, Шмитов голос звенел и стегал. Маруся стала вся — как березка плакучая — долу клониться. И упала бы, может, но учуял Андрей Иваныч — один он и увидел — поддержал Марусю за талию.

— Вальс, — шепнул он, не слыхал ответа, унес ее легкими кругами. "Подальше от Шмита — проклятого, подальше... О, до чего ж он"...

— Как он мучит меня... Андрей Иваныч, если бы вы знали! Вот эти три дня, и сегодня. И три ночи перед балом...

Показалось Андрею Иванычу, говорила Маруся откуда-то снизу, из глубины, засыпанная. Взглянул: эти две морщинки, похоронные около губ — о, эти морщинки...

Сели. Маруся смотрела на кенкет, глаз не отрывала от пляшущего, злого пламенного языка: оторвать, отвести глаза — и все кончено, и плотину прорвет, и хлынет...

В вальсе Шмит подходил к ним. Маруся, улыбаясь — ведь на них глядел Шмит — улыбаясь, сказала чужие, дикие слова:

— Убейте его, убейте Шмита. Чем такой... пусть лучше мертвый, я не могу...

— Убить? Вы? — поглядел Андрей Иваныч, не веря, в ужасе.

Да, она. Паутинка — и смерть. Вальс — и убейте...

Шмит крутился с кругленькой капитаншей Нечесой, крутился упругий, резкий, скрипел под ним пол. Сузил глаза, усмехался.

Андрей Иваныч ответил Марусе:

— Хорошо.

И со стиснутыми зубами повлек, опять закружил — ах, до смерти бы закружиться...

Тут, впрочем, не от вальсов больше головы кружились, а от выпитых зелья. В кои-то веки, с французами, за альянс-то, да и не выпить? Это бы уж — последнее дело.

Пили и французы, да как-то по хитрому: пили — а душой, вот, не воспринимали. Да и пили больше полрюмки, и смотреть-то нехорошо. То ли дело — наши: на совесть, по-русски, нараспашку. Сразу видать, что пили: соловые ходят, развеселые, мутноглазые.

Вот уж когда чуял Тихмень свой рост: страсть это неудобно высокому быть. Маленькому, если и качнуться — оно ничего. А высокий — колокольня — выгибается, вот-вот ухнется, страшно глядеть.

Зато, прислонившись к стенке, Тихмень почувствовал себя очень прочным, сильным и смелым. И потому, когда, пошатываясь, шел мимо Нечеса, Тихмень решительно ухватил его за полу. "Нет, уж, теперь баста, теперь я спрошу"...

— Капит-тан, скажи ты мне по с-совести, ну, ради Господа самого: чей Петяшка сын? С тоски — понимаешь, с то-ски! — помираю; мой Петяшка или, вот, не мой...

Капитан был нарезавшись здорово, однако — что-то тут неладно — понял:

— Да ты... да ты, брат, это про что, а?

— Гол-лубчик, скажи-и! — Тихмень тихо и горько заплакал. — Последняя ты у меня надежда, хм! хм! — хлюпал Тихмень. — Я Катюшу спросил, она не знает... Господи, что ж мне теперь де-елать? Голубчик, скажи, ты знаешь ведь...

Тупо глядел Нечеса на качавшийся у самых его глаз Тихменев нос, с слезинкой на кончике, — так бы, вот, взял и поправил.

Влекомый высшей силой, Нечеса крепко взял двумя пальцами Тихменев нос и начал его водить вправо и влево. И столь это было для Тихменя сюрпризом, что перестал он хныкать и покорно, даже с некоторым любопытством, следовал за капитановой рукой.

И уж только когда услышал сзади крики: "Тихмень-то, Тихмень-то", — понял и рванулся. Кругом все хватались за животы.

Тихмень обвел их остолбенелым взглядом, на ком-то остановился — это был Молочко, — и спросил:

— Ты, в-вот, ты видал? Он меня... он водил меня за нос?

Лопнули со смеха. Молочко еле выговорил:

— Ну, брат, кто кого водил за нос, это, в конце концов, неизвестно.

Все кругом ахнули. Теперь нужно было Тихменю что-то сделать. Нехотя, исполняя обязанность, полез Тихмень на капитана.

И тут совсем уж несуразное пошло: Нечеса брюхом лежал на Тихмене и молотил его, куда попало. Кто растаскивал лежащих, а кто тащил этих, которые растаскивали: дайте, мол, им додраться, не мешайте. И если бы не капитанша Нечеса, Бог знает, чем бы катавасия кончилась.

Капитанша подбежала, крикнула, топнула:

— Ты, чурбан, дурак. Сейчас слезь.

Десять лет этого голоса капитан слушался: моментально слез. Лохматый, встрепанный, сконфуженный — додраться не дали — стоял и очесывался.

Французы собрались в углу, дивились и думали: уйти или нет? И уйти нельзя: альянс. И остаться неловко: видимо, у русских пошло дело домашнее.

— Все-таки... До чего ж они все... ланцепупы какие-то, — поднял вверх брови адмирал. — Из-за чего это у них?

Подозвали Молочко. Молочко пытался об'яснить:

— Из-за сына. Чей сын, ваше превосходительство...

— Ничего не понимаю, — повел адмирал плечами.

21

Огонек в теми

В собрании — из зала в коридор окошко было прорезано. Зачем, на какой предмет, неведомо. Так, вот, просто во всех домах тут делали, — ну, и в собрании, значит. За то денщикам теперь — полное удовольствие: сбились у окна и глядят — не наглядятся.

— У-ух, и дошлый же народ французы эти самые! — самоварно сиял генеральский Ларька. — Это, брат, тебе, не епонец, не манза какая-нибудь. Епонец-то пальцем делан, потому...

Не досказал Ларька: перед господином Тихменем надо было вытянуться.

Измятый весь, в мокром, в пыли, — ступил Тихмень в коридор — и стал, заблудился: куда итти.

Подумал, свернул влево и по скрипучим ступенькам полез наверх, на каланчу.

Яшка Ломайлов неодобрительно глядел ему вслед.

— И куды, например, прет, и куды прет? Ну, какого ему рожна там надо? Ох, Ларька, скажу я тебе, и блажные же господа у нас! Ды блажа-ат, ды блажа-ат, и всяк-то по своему... И чего им, кубыть, еще надо: топка есть, хлеб-соль есть...

Ларька фыркнул:

— Дура: хлеб-соль! Это тебе, вот, животине, хлеба-соли довольно, а которые господа настоящие, не какие-нить сказуемые, так они, брат, мечту в себе держат, да...

— Я бы, например, женил бы господина Тихменя, вот это бы так! — медленным языком ворочал Ломайлов. — Ребятенок бы ему с полдюжинки, вот бы мечтов-то его этих самых — как ветром бы сдунуло...

Ломайлов выглянул в окно наружу, в ту сторону, где был домик Нечесов. "Что-то теперь Костенька? Уснул без меня, либо нет?"

Темь, мгла холодная за окном. Где-то не очень подалеку вопили благим матом: карау-ул! карау-ул! Солдаты, очесываясь, зевая равнодушно, слушали: дело обыкновенное, привышное.

Поручик Тихмень стоял уж теперь наверху, шаткий, непрочный, длинный.

— Ну и ха-ра-шо, и ха-ра-шо, и шут с вами, и уйду, и уйду... За нос, хм! Вам-то это хаханьки, а мне-то...

Тихмень толкнул раму, окно распахнулось. Внизу, в темноте, опять кричали караул, громко и жалостно.

— Ка-ра-ул, ага, караул? А я думаешь, — не караул? А мы, думаешь, не кричим? А кто слышит, ну, кто? Ну, так и кричи, и кричи.

Но все-таки высунулся Тихмень, вставил голову в черное, мокрое хайло ночи. Отсюда, с каланчи, виден был веселый огонек на бухте: крейсер, должно быть, ихний.

Был сейчас этот огонек в сплошной черняти опорой какой-то Тихменю, давал жить глазам, без него нельзя бы. Маленький, веселый, ясноглазый огонек.

— Петяшка, Петенька мой, Петяшка...

И вдруг мигнул огонек и пропал. Может, крейсер повернулся другим боком, а может, и еще что.

Пропал, и приступила темь необоримая.

— Пе-тяшка, Петяшка мой! Нечеса последний... Никто теперь не знает, никто не скажет... Ой-е-е-е-ей!

Тихмень горестно замотал головой и хлюпнул. Потекли пьяные слезы, а какие же слезы горчее пьяных?

Щекой он приложился к подоконнику: подоконник — мокрый, грязный, холодный. Холод на лице протрезвил малость. Тихмень вспомнил свой разговор, с кем-то:

— Всякий имеющий детей — олух, дурак, карась, пойманный на удочку... Это я, я... Я говорил. И я, вот, плачу о Петяшке. Теперь уже не узнать никогда — чей... Ой-е-е-е-ей!

Никогда — так крышкой и прихлопнуло пьяного, горького Тихменя. Заполонила темь необоримая. Огонек погас.

— Петяшка-а! Петя-шень-ка-а! — Тихмень хлюпал, захлебывался и медленно вылезал на подоконник.

Подоконник — страсть какой грязный, все руки измазал Тихмень. Но о сюртук вытереть жалко. Ну, уж как-нибудь так.

Вылезал все больше, — ах, конца этому нету: ведь он такой длинный. Пока-то это вылез, перевесился, пока-то это с каланчи торчмя головой бухнул во тьму.

Может и закричал, ничего не слыхали денщики. Они уж и думать позабыли о Тихмене, блажном: куда-а там Тихмень, когда французы сейчас выходят. Ох, да и молодцы же народ, хоть и жвытки они больно...

Веселой гурьбой, вполпьяна, выходили французы, скользили на ступеньках: "Ах, и смешные же русские эти... ланцепупы... Но есть в них, есть в них что-то такое"...

А за французами ползли и хозяева. Коли французы вполпьяна, так хозяевам и сам Бог велел в риз положении быть: кто еще шел — перила обнимал, а кто уж и на карачках...

Тихменя нашли только утром. Перетащили к Нечесам: у них жил живой — у них, значит, и мертвый. И лежал он покойно в зальце на столе. Лицо белым платком покрыто: расшиблено уж очень.

Капитанша Катюша навзрыд плакала и отпихивала мужа:

— Уй-ди, уй-ди! Я его люблю, я его любила...

— Ты, матушка, всех любила, по доброте сердечной. Уймись, не реви, будет!

— И подумать... Я может, я ви-но-ва-ва-та-а... Господи, да коли бы я, правда, знала, чей Петяшка-то! Господи, кабы знать-то... а-а-а! — соврать бы ему было!

Ломайлов отгонял восьмерых ребят от дверей: так и липли к дверям, так в щель и совали нос, ох, и любопытный народец!

— Яшка, Яшутничек, а скажи: а дяде рази уж не больно? А как же? А ведь ушибся, а не больно.

— Дурачки-и, помер ведь он: знамо, не больно.

Старшенькая девочка Варюшка от радости так и засигала:

— Тц-а! Что? Я говолира — не больно. Я говолира! А ты не верил. Тц-а, что?

Уж так ей лестно брату нос наставить.

22

Галченок

Уж февраль, а генерал все еще в городе околачивался, все боялся приехать домой. И Шмит лютовал по-прежнему, весь мукой своей пропитался, во всякой мелочишке это чуялось.

Ну, вот, выдумал, например, издевку: денщика французскому языку обучать. Это Непротошнова-то! Да он все и русские слова позабудет, как перед Шмитом стоит, а тут: французский. Все французы эти поганые накуралесили: Тихменя на тот свет отправили, а Шмиту в сумасшедшую башку взбрела этакая, вот, штука...

Черноусый, черноглазый, молодец Непротошнов, а глаза — рыбьи, стоит перед Шмитом и трясется:

— Н-не могу знать, ваше-скородь, п-позабыл...

— Я тебе сколько раз это слово вбивал. Ну, а как "позабыл", а?

Молчание. Слышно: у Непротошнова коленки стучат друг об дружку.

— Ну-у?

— Жуб... жубелье, ваше-скородь...

— У-у, — немырь! К завтрему, чтоб на зубок знал. Пошел!

Сидит Непротошнов на кухне, повторяет проклятые бусурманские слова, в голове жернова стучат, путается, дрожит. Слышит, чьи-то шаги — и вскакивает, как заводной, и стоит — аршин проглотил. Со страху-то и не видит, что не Шмит пришел, а пришла барыня, Марья Владимировна.

— Ну, что ты, Непротошнов, а? Ну, что ты, что ты?

И гладит его по стриженой солдатской голове. Непротошнов хочет поймать, взять ее маленькую ручку, да смелости не хватает, так при хотеньи одном и остается.

— Барыня милая... Барыня милая! Ведь я все — ведь я все-всешеньки... Не слепой я...

Маруся вернулась в столовую. Глаза у ней горели, что-то сказать. Но только взглянула на Шмита — разбилась об его сталь. Опустила глаза, покорная. Забыла все гневные слова.

Шмит сидел не читая, так. Он никогда не читает теперь не может. Сидит с папиросой, мучительно зацепился глазами за одну точку — вот, за граненую подвеску на лампе. И так трудно неимоверно на Марусю взглянуть.

— Ну? О Непротошнове, конечно? — усмехнулся Шмит.

Подошел к Марусе вплотную.

— Как я тебя...

И замолк. Только стиснул больно ее руки повыше локтей: завтра будут здесь синяки.

На худеньком ребячьем теле у Маруси много теперь цветет синяков — от Шмитовых злых ласк. Все неистовей, все жесточе с ней Шмит. И всегда одно и то же: плачет, умирает, бьется она в кольце Шмитовых рук. А он — пьет сладость ее умираний, ее слез, своей гибели. Нельзя, некуда спастись ей от Шмита, и хуже всего: не хочется спастись. Вот сказала намедни на балу Андрею Иванычу — сорвалось же такое: "убейте Шмита". И не знает покою теперь: а вдруг?

Не забыл Андрей Иваныч тех Марусиных слов, каждый вечер вспоминал их. Каждый вечер — один и тот же мучительный круг, замыкаемый Шмитом. Если б Шмит не мучил Марусю; если б Шмит не захватил его тогда у замерзшего окна; если б Шмит на балу не...

Главное, тогда не было бы вот этого, что уж стало привычно-нужным: каждый вечер перед Андреем Иванычем не стоял бы Гусляйкин, не ухмылялся бы бланманжейной своей физией, не рассказывал бы...

"Но ведь, Господи, не такой уж я был пропащий, — думал ночью Андрей Иваныч, — не такой уж... Как же это я?"

И опять: Шмит, Шмит, Шмит... "Убить. Она не шутила тогда, глаза были темные, не шутили".

И вот как-то вдруг, ни-с-того, ни-с-сего Андрей Иваныч решил: нынче. Должно быть, потому, что было солнце, надоедно-веселая капель, улыбчивая, голубая вода. В такой день — ничего не страшно: очень просто, как кошелек, сунул Андрей Иваныч револьвер в карман, — очень просто, будто в гости пришел, дернул Шмитовский звонок.

Загремел засов, калитку отпер Непротошнов. Шмит стоял посреди двора, без пальто, почему-то с револьвером в руках.

— А-а, по-ру-чик Половец, муз-зыкант! Д-давненько...

Шмит не двинулся, как стоял, так и стоял, тяжкий, высокий.

"Непротошнов... При нем — нельзя", — юркнула мысль, и Андрей Иваныч повернулся к Непротошнову:

— Барыня дома?

Непротошнов заметался, забился под Шмитовым взглядом: нужно было обязательно ответить по-французски, а слова, конечно, сразу все забылись.

— Жуб... жубелье, — пробормотал Непротошнов.

Шмит засмеялся, зазвенел железом. Крикнул:

— Пошел, скажи барыне, к ним вот, пришли, да-с, гости незваные...

Андрея Иваныча удержал взглядом на месте:

— Что глядите? Револьвер не нравится? Не бойтесь! Пока только галченка вот этого хочу пришибить, чтоб под окном не кричал...

Только теперь увидал Андрей Иваныч: под тачкой присел, прижухнул галченок. Крылья до земли опущены, летать не умеет, не может, еще малец.

Щелкнул выстрел. Галченок надсаженно, хрипло закаркал, крыло окрасилось красным, запрыгал под сарай. Шмит перекосоурил рот, должно быть — улыбка. Прицелился снова: ему нужно было убить, нужно.

Быстрыми, большими шагами Андрей Иваныч подбежал к сараю, стал лицом к Шмиту, к галченку — спиной:

— Я... я не позволю больше стрелять. Как не стыдно! Это издевательство!

Шмитовы железно-серые глаза сузились в лезвее:

— Поручик Половец. Если вы сию же секунду не сойдете с дороги, я буду стрелять в вас. Мне все равно.

У Андрея Иваныча радостно-тоскливо заколотилось сердце. "Маруся, посмотри же, посмотри! Ведь я это не за галченка..." С места не двинулся.

Мигнул огонек, выстрел. Андрей Иваныч нагнулся. Изумленно себя пощупал: цел.

Шмит злобно, по-волчьи, ощерил зубы, нижняя челюсть у него тряслась.

— С-свол... Ну, уж теперь — попаду-у!

Опять поднялся револьвер. Андрей Иваныч зажмурился: "Бежать? Нет, ради Бога, еще секундочку — и все..."

Почему-то совсем и из ума вон, что в кармане у него тоже револьвер, и пришел-то ведь затем, чтобы... Смирно стоял и ждал.

Секунда, две, десять: выстрела нет. Открыл глаза. Нижняя челюсть у Шмита так прыгала, что он бросил револьвер на земь и нажимал, изо всех сил держал подбородок обеими руками. У Андрея Иваныча все пошло внутри, сдвинулось.

— Мне вас жалко. Я хотел, но не стану...

Он вынул из кармана свой револьвер, показал Шмиту. Быстро пошел к калитке.

23

Хорошо и прочно

Еще затемно, еще только февральская заря занималась, кто-то стучал к Андрей Иванычу в дверь. Хотел Андрей Иваныч "кто там" сказать, да так и не сказал, увяз опять во сне. Пришла Маруся и говорила: "А знаете, теперь я уж больше не...". А что "не" — не досказывает. Но Андрей Иваныч и так почти знает. Почти уж поймал это "не", почти уж...

Но в дверь все громче, все надоедней стучат. Делать, видно, нечего. Пришлось Андрею Иванычу вылезть из сна, пришлось встать, открыть дверь.

— Непротошнов, ты? Что такое, зачем? Что случилось?

Непротошнов подошел к кровати, нагнулся близко к Андрею Иванычу — и не по-солдатски совсем:

— Ваше-бродие, барыня велела вам сказать, что наш барин вас, ваш-бродь, грозятся убить. Так что барыня, ваше-бродь, просила, чтоб вы ничего такого, борони Бог, не сделали...

— Да что, да что такое мне не делать-то?

Но уж больше слова путного не мог Андрей Иваныч из Непротошнова вытянуть.

— Не могу знать, ваш-бродь...

— Ну, а барыня что, Марья Владимировна, что она?

— Н-не могу знать, ваш-бродь...

"...О, идол проклятый, да скажи хоть что с ней?"

Но поглядел Андрей Иваныч в безнадежно-рыбьи глаза Непротошнова и отпустил его.

Остался один, долго лежал в темноте. И вдруг вскочил:

— Господи! Да ведь если она прислала это сказать, так значит, она... Господи, да неужели ж она меня...

Догнать Непротошнова, догнать, дать ему целковый последний! Выбежал Андрей Иваныч во двор, на крыльцо — Непротошнова и след простыл.

Но с крылечка Андрей Иваныч уж не мог уйти. Небо — огромное, воздух — полон сосновым лесом, и море — как небо. Весна. Вот вытянуть бы руки так — и ринуться вперед, туда...

Жмурился Андрей Иваныч, оборачивал лицо вверх, к теплому солнцу.

"Умереть? Ну, что ж... Умереть нам легко. Убить — труднее, и труднее всего — жить... Но все, все, и убить — пусть только она захочет".

Такое солнце, что можно было даже создать себе вот эту нелепицу, несуразность: что она, Маруся, что она и в самом деле... А вдруг? Ведь такое солнце.

С утра — с зари ее видеть... Ничего — только какая-нибудь малость самая малая, легчайшее касание какое-нибудь, как тогда, — падал снег за окном... И уж — счастье. С самого утра — до поздней ночи, все — счастье.

Вот так бы вот, раздевши, побежать бы сейчас туда...

Сегодня даже с солдатами заниматься было хорошо. Даже Молочко — новый.

Молочко, положим и в самом деле сиял, и телячесть его была важная, не такая, как всегда.

— Я имею до вас дело, — остановил он Андрея Иваныча.

— Что? Э, да скорее, не тяните козла за хвост!

— Шмит меня просил... можете себе представить? — быть секундантом. Вот письмо.

— А-а, вот что... "вот почему Маруся"... Открыл Андрей Иваныч конверт, прыгал через строчки, глотал, ах — поскорее!

"Во время вчерашнего... с галчененком... Мой дуэльный выстрел... Ваша очередь... Буду стоять, не шелохнусь, и если... Очень рад буду, мне пора".

Конец Андрей Иваныч прочел вслух:

— Позвольте. Это что ж такое? "...Только Вам одному стрелять. А если вам не угодно, мы посмотрим". Позвольте что это за дуэль? Странные требования! Это не дуэль, а чорт знает что! Что он думает, — я стану, как он... Вы секундант, вы должны...

— Я... я ничего не знаю... Он так... он меня послал — Шмит... Я не знаю, — бормотал Молочко, оробело поглядывал на широкий, взборожденный Андрей-Иванычев лоб.

— Послушайте, вы сейчас же пойдете и скажете капитану Шмиту, что такой дуэли я не принимаю. Не угодно ли ему, — оба стрелять вместе. Или никаких дуэлей... Это чорт знает что!

Молочко, поджав хвост, побежал рысцой к Шмиту. Захлебываясь, доложил обо всем. Шмит курил. Равнодушно стряхнул пепел:

— Гм, несогласен, вот как? А впрочем, я так и...

— ...Нет, что ему еще нужно? Можете себе представить: еще накричал на меня! При чем — я? Это с вашей стороны... Это так благородно, отдать свой выстрел, а он...

"Благородно, ч-чорт!" — Шмит искривился, исковеркался: — Бла-го-род-но, д-да... Ну, вот вам поручение: завтра вы всем расскажете, что Половец меня обозвал... негодяем, что я его вызвал, а он отказался. Поняли?

— Господи, да я... Но почему завтра?

Шмит пристально поглядел на Молочко, усмехнулся нехорошо и сказал:

— А теперь прощайте-с.

С каменным, недвижным лицом сидел Шмит один и курил. Револьвер валялся на столе.

"Разбудить Марусю? Сказать? Но что? Что люблю, что любил? И чем сильнее любил"...

Он пошел в спальню. Истерзанная ночными распятьями Маруся мертво спала. Лицо все измазано было следами слез — как у малого ребенка. Но эти две морщинки около губ...

Разверзлась Шмитова каменность, проступила на лице смертная мука. Он стал на колени, нагнулся было к ее ногам Но... сморщился, махнул рукой:

"Не поверит. Все равно... теперь не поверит", — и торопливо пошел в сад.

В саду у клумб копался Непротошнов: хоть бы чем-нибудь барыню милую улыбнуть, — примечал он ведь, обеими руками она бывало к цветам-то тянулась.

Увидел Непротошнов Шмита — дрогнул, вытянулся, застыл Шмит хотел усмехнуться — лицо не двинулось.

"Он — все еще меня боится... Чудак!"

— Уйди, — только и сказал Непротошнову.

Непротошнов — подавай, Бог, ноги: слава Богу — целехонек ушел.

Шмит сел на большой белый камень, уперся левым локтем в колено.

"Нет, не так... Надо прислониться к стене... Вот теперь... хорошо, прочно".

Вынул револьвер. "Да, хорошо, прочно". И та самая пружинка злая разжалась, освободила.

24

Поминки

Андрей Иваныч сидел и писал письмо Марусе. Может, это было нелепо, бессмысленно, но больше нельзя — нужно было выкрикнуть все, что...

Не замечал, что уж стемнело. Не слышал, как вошел и стал у притолки Непротошнов. Бог его знает, сколько он тут стоял, пока насмелился окликнуть:

— Ваше-бродь... Господин поручик!

Андрей Иваныч с сердцем бросил перо: опять рыбьеглазый этот!

— Ну, чего? Все про то же? Убить меня хочеть?

— Никак нет, ваше-бродь... Капитан Шмит сами... Они сами убились... Вко-вконец...

Андрей Иваныч подскочил к Непротошнову, схватил за плечи, нагнулся — в самые глаза. Глаза были человечьи — лили слезы.

"Да. Шмита нет. Но, ведь, значит, Маруся — ведь теперь, — она, значит"...

Во мгновение ока он был уже там, у Шмитов. Промчался через зал, на столе лежало белое и длинное. Но не в этом дело, не в этом...

Маруся сидела, в веселенькой бревенчатой столовой. Стоял самовар. Это уж от себя расстарался Непротошнов, если что-нибудь такое стрясется — без самовара-то как же? Милая, каштановая, встрепанная головка Марусина лежала на ее руках.

— Маруся! — в одном слове выкрикнул Андрей Иваныч все: что было в письме, и протянул руки — лететь: все кончено, все боли...

Маруся встала. Лицо было дикое, гневное.

— Вон! вон! Не могу вас... Это все — это вы — я все знаю...

— Я? Что я?

— Ну, да! Зачем вы отказались, что вам стоило... Что вам стоило выстрелить в воздух? Я же присылала к вам... О, вы, хотели, я знаю... вы хотели... я знаю, зачем вам. Уйдите, уйдите, не могу вас, не могу!

Андрей Иваныч, как ошпаренный, выскочил. Тут же у калитки остановился. Все перепуталось в голове.

"Как? Неужели же она... после всего, после всего... любила? Простила? Любила Шмита?"

Трудно, медленно до глубины, до дна добрался — и вздрогнул: так было глубоко.

"Вернуться, стать на колени, как тогда: великая"...

Но из дома он слышал дикий, нечеловеческий крик. Понял: туда нельзя. Больше никогда уж нельзя.

К похоронам Шмитовым генерал приехал из города. И такую поминальную Шмиту речь двинул, что сам даже слезу пустил, — о других-прочих что уж и толковать.

Все были на похоронах, почтили Шмита. Не было одной только Маруси. Ведь уехала, не дождалась: каково? Монатки посбирала и уехала. А еще тоже любила, называется! Хороша любовь.

Взвихрилась, уехала, — так бы без поминок Шмит и остался. Да спасибо генералу, душа-человек: у себя те поминки устроил.

Нету Шмита на белом свете — и сразу, вот, стал он хорош для всех. Крутенек был, тяжеленек, — оно верно. Да за то...

У всякого доброе слово для Шмита нашлось: один только молчал Андрей Иваныч, сидел, как в воду опущенный. Э-э, совесть должно быть, малого зазрила. Ведь у них со Шмитом-то американская дуэль, говорят, была, — правда или нет? А все ведь бабы, все бабы, — всему причины... Эх!

— А ты, брат, пей, ты пей, оно и глядишь... — сердобольно подливал Андрею Иванычу Нечеса.

И пил Андрей Иваныч, послушно пил. Хмель-батюшка — ласковый: некуда голову преклонить, так хмель ее примет, приголубит, обманом взвеселит...

И когда нагрузившийся Молочко брякнул на гитаре "Барыню" (на поминальном-то обеде) — вдруг замело, завихрило Андрея Иваныча пьяным, пропащим весельем, тем самым последним весельем, каким нынче веселится загнанная на кулички Русь.

Выскочил Андрей Иваныч на середину, постоял секунду, потер широкий свой лоб — смахнул со лба что-то — и пошел коленца выкидывать, только держись,

— Вот это так-так! Ай да наш, ай да Андрей Иваныч! — закричал Нечеса одобрительно, — я говорил, брат, пей, я говорил. Ай да наш!

1913

70

УЕЗДНОЕ

1

Четырехугольный

Отец бесперечь пилит: "Учись да учись а то будешь, как я, сапоги тачать".

А как тут учиться, когда в журнале записан первым, и, стало быть, как только урок, сейчас же и тянут:

— Барыба Анфим. Пожалуйте-с.

И стоит Анфим Барыба, потеет, нахлобучивает и без того низкий лоб на самые брови.

— Опять ни бельмеса? А-а-ах, а ведь малый-то ты на возрасте, замуж пора. Садись, брат.

Садился Барыба. И сидел основательно — года по два в классе. Так испрохвала, не торопясь, добрался Барыба и до последнего.

Было ему о ту пору годов пятнадцать, а то и побольше. Высыпали уж, как хорошая озимь, усы, и бегал с другими ребятами на Стрелецкий пруд — глядеть, как бабы купаются. А ночью после — хоть и спать не ложись: такие полезут жаркие сны, такой хоровод заведут, что...

Встанет Барыба наутро смурый и весь день колобродит. Зальется до ночи в монастырский лес. Училище? А, да пропадай оно пропадом!

Вечером отец возьмется его бузовать: "Опять сбежал, неслух, заворотень?" А он хоть бы что, совсем оголтелый зубы стиснет, не пикнет. Только еще колючей повыступят все углы чудного его лица.

Уж и правда: углы. Не зря прозвали его утюгом ребята-уездники. Тяжкие железные челюсти, широченный, четырехугольный рот и узенький лоб: как есть утюг, носиком кверху. Да и весь-то Барыба какой-то широкий, громоздкий, громыхающий, весь из жестких прямых и углов. Но так одно к одному пригнано, что из нескладных кусков как будто и лад какой-то выходит: может, и дикий, может, и страшный, а все же лад.

Ребята побаивались Барыбы: зверюга, под тяжелую руку в землю вобьет. Дразнили из-за угла, за версту. Зато, когда голоден бывал Барыба, кормили его булками и тут же потешались всласть.

— Эй, Барыба, за полбулки разгрызи.

И суют ему камушки, выбирают, какие потверже.

— Мало,— угрюмо бурчит Барыба,— булку.

— Вот черт, едун! — но найдут и булку. И начнет Барыба на потеху ребятам грызть камушки, размалывать их железными своими давилками — знай подкладывай! Потеха ребятам, диковина.

Забавы забавами, а как экзамены настали, пришлось и забавникам за книги засесть, даром что зеленый май на дворе.

Восемнадцатого, на царицу Александру, по закону экзамен — первый из выпускных. Вот, вечером как-то, отец отложил в сторону дратву и сапог, очки снял да и говорит:

— Ты это помни, Анфимка, заруби на носу. Коли и теперь не выдержишь — со двора сгоню.

Как будто чего уж лучше: три дня подготовки. Да на грех завязалась у ребят орлянка — ох и завлекательная же игра! Два дня не везло Анфимке, весь свой капитал проиграл: семь гривен и новый пояс с пряжкой. Хоть топись. Да на третий день, слава те Господи, все вернул и чистых еще выиграл больше полтинника.

Восемнадцатого, понятно, Барыбу вызвали первым. Ни гугу уездники, ждут: ну, сейчас поплывет, бедняга.

Вытянул Барыба — и уставился в белый листок билета. От белизны этой и от страха слегка затошнило. Ахнули куда-то все слова: ни одного.

На первых партах подсказчики зашептали:

— Тигр и Ефрат... Сад, в котором жили... Месопотамия. Ме-со-по-та... Черт глухой!

Барыба заговорил — одно за другим стал откалывать, как камни, слова — тяжкие, редкие.

— Адам и Ева. Между Тигром и... этим... Ефратом. Рай был огромный сад. В котором водились месопотамы. И другие животные...

Поп кивнул, как будто очень ласково. Барыба приободрился.

— Это кто же-с месопотамы-то? А, Анфим? Объясни-ка нам Анфимушка.

— Месопотамы... Это такие. Допотопные звери. Очень хищные. И вот в раю они. Жили рядом...

72

Поп хрюкал от смеха и прикрывался отогнутой кверху бородой, ребята полегли на парты.

* * *

Домой Барыба не пошел. Уж знал — отец человек правильный, слов не пускает на ветер. Что сказано, то и сделает. Разве к тому же еще и ремнем хорошенько взбучит.

2

С собаками

Жили-были Балкашины, купцы почтенные, на заводе своем солод варили-варили, да в холерный год все как-то вдруг и примерли. Сказывают, далеко гдей-то в большом городе живут наследники ихние, да вот все не едут. Так и горюет-пустует выморочный дом. Похилилась деревянная башня, накрест досками заколотили окна, засел бурьян во дворе. Через забор швыряют на балкашинский двор слепых щенят да котят, под забором с улицы лазят за добычей бродячие собаки.

Тут вот и поселился Барыба. Облюбовал старую коровью закуту, благо двери не заперты и стоят в закуте ясли, из досок сколочены: чем не кровать? Благодать Барыбе теперь: учиться не надо, делай, что тебе в голову взбредет, купайся, пока зубами не заляскаешь, за шарманщиком хоть целый день по посаду броди, в монастырском лесу — днюй и ночуй.

Все бы хорошо, да есть скоро нечего стало. Рублишка какого-нибудь там надолго ли хватит?

Стал Барыба за поживой ходить на базар. С нескладной звериной ловкостью, длиннорукий, спрятавшись внутрь себя и выглядывая исподлобья, шнырял он между поднятых кверху белых оглобель, жующих овес лошадей, без устали молотящих языком баб: чуть которая-нибудь зазевалась матрена — ну, и готово, добыл себе Барыба обед.

Не вывезет на базаре — побежит Барыба в Стрелецкую слободу. Где пешком, где ползком — рыщет по задам, загуменникам, огородам. Уедливый запах полыни щекочет ноздри, а чихнуть — Боже избави: хозяюшка вон она — вон,

73

грядку полет, и ныряет в зелени красный платок. Наберет Барыба картошки, моркови, испечет дома — на балкашинском дворе, ест, обжигаясь, без соли — вот вроде как будто и сыт. Не до жиру, конечно: быть бы живу.

Не задастся, не повезет иной день — сидит Барыба голодный и волчьими, завистливыми глазами глядит на собак: хрустят костью, весело играют костью. Глядит Барыба...

* * *

Дни, недели, месяцы. Ох, и осточертело же с собаками голодными жить на балкашинском дворе! Зачиврел, зачерствел Барыба, оброс, почернел; от худобы еще жестче углами выперли челюсти и скулы, еще тяжелей, четырехугольней стало лицо.

Убежать бы от собачьей жизни. Людей бы, по-людски бы чего-нибудь: чаю бы горяченького попить, под одеялом поспать.

Бывали дни — целый день Барыба лежал в закуте своей, ничком на соломе. Бывали дни — целый день Барыба метался по двору балкашинскому, искал людей, людского чего-нибудь.

На соседнем, чеботаревском дворе — с утра народ' кожемяки в кожаных фартуках, возчики с подводами кож. Увидят — чей-то глаз вертится в заборной дыре, ширнут кнутовищем:

— Эй, кто там?

— Ай хозяин-дворовой остался на балкашинском дворе?

Барыба — прыжками волчиными — в закуту к себе, в солому, и лежит. Ух, попадись ему возчики эти самые: уж он бы им — уж он бы их...

С полудня на чеботаревском дворе — ножами на кухне стучат, убоиной жареной пахнет. Инда весь затрясется Барыба у щелки у своей у заборной и не отлипнет потуда, покуда обедать там не кончат.

Кончат обедать — как будто и ему полегче станет. Кончат, и выползает на двор Чеботариха сама: красная, наседалась, от перекорма ходить не может.

— У-ух... — железом по железу — заскрипит зубами Барыба.

По праздникам над балкашинским двором, на верху переулочка, звонила Покровская церковь — и от звона было еще лютее Барыбе. Звонит и звонит, в уши гудит, перезванивает...

74

"Да ведь вот же куда — в монастырь, к Евсею!" — осенило звоном Барыбу.

Малым мальчишкой еще, после порки бегивал Барыба к Евсею. И всегда, бывало, чаем напоит Евсей, с кренделями с монастырскими. Поит — а сам приговаривает, так что-нибудь, абы бы утешить:

— Эх, малый! Меня намедни игумен за святые власы схватил, я и то... Эх, мал... А ты ревешь?

Веселый прибежал в монастырь Барыба: ушел теперь от собак балкашинских.

— Отец Евсей дома?

Послушник прикрыл рот рукой, загоготал:

— Во-она! Его и с гончими не разыщешь: запил, всю неделю в Стрельцах крутит отец Евсей.

Нету Евсея. Конец, больше некуда. Опять на балкашинский двор...

3

Цыплята

После всенощной либо после обедни догонит Чеботариху батюшка Покровский, головой покачает и скажет:

— Неподобно это, мать моя. Ходить нужно, проминаж делать. А то, гляди-ка, плоть совсем одолеет.

А Чеботариха на линейке своей расползется, как тесто, и, губы поджавши, скажет:

— Никак ни можно, батюшка, бизпридстанно биение сердца.

И катит Чеботариха дальше по пыли, облепляя линейку — одно целое с ней, грузное, плывущее, рессорное. Так, на своих ногах без колес,— никто Чеботариху на улице и не видел. Уж чего ближе — до бани ихней чеботаревской (завод кожевенный и баню торговую муж ей оставил), так и то на линейке ездила, по пятницам — в бабий день.

И потому линейка эта самая, и мерин полово-пегий, и кучер Урванка — у Чеботарихи в большом почете. А уж особо Урванка: кучерявый, силища, черт, и черный весь — цыган он был, что ли. Закопченный какой-то, приземистый, жилистый, весь как узел из хорошей веревки. Поговаривали, что он, мол, у

Чеботарихи не только что в кучерах. Да из-под полы говорили, громко-то боялись: попадись-ка к нему, к Урванке,— взлупцует, брат, так, что... Человека до полусмерти избить — Урванке первое удовольствие: потому — самого очень бивали, в конокрадах был.

А вот была-таки и любовь у Урванки: лошадей он любил и кур. Лошадей скребет-скребет, бывало, гриву своим медным гребнем чешет, а то разговаривать с ними возьмется на каковском-то языке. Может, и правда — нехристь был?

А кур любил Урванка за то, что весною были они цыплятами — желтыми, кругленькими, мягкими. Гоняется, бывало, за ними по всему по двору: ути-ути-ути! Под водовозку залезет, под крыльцо заползет на карачках — а уж изловит, на руку посадит — и первое ему удовольствие — духом цыпленка греть. И так, чтобы рожи его о ту пору никто не видал. Бог его знает, какая она бывала. Так, не поглядевши, и не представить: Урванка этот самый — и цыпленок. Чудно!

Вышло так на горе Барыбино, что и он цыплят урванкиных полюбил: вкусны очень, повадился их таскать. Другого, третьего нет — заприметил Урванка. А куда запропастились цыплята — и ума не приложит. Хорек разве завелся?

После полдён лежит как-то Урванка под сараем в телеге. Жарынь, в дрему клонит. Цыплята — и то под сарай запрятались, в тень у стеночки присели, глаза отонком закрыли, носом клюют.

И не видят, бедняги, что доска сзади отодрана, и тянется через дыру, тянется к ним рука. Цоп — и заверещал, затекал цыпленок в Барыбином кулаке.

Вскочил, заорал Урванка. Мигом перемахнул через забор.

— Держи, держи его, держи вора!

Дикий звериный бег. Добежал, запятился Барыба в свои ясли, залез под солому, но Урванка нашел и там. Вытащил, поставил на ноги.

— Ну, погоди же ты у меня! Я тебе — за цыплят за моих...

И поволок за шиворот — к Чеботарихе: пусть уж она казнь вору придумает.

4

Смилостивился

Кухарку — Анисью толстомордую прогнала Чеботариха. За что? А за то самое, чтобы к Урванке не подкатывалась. Прогнала, а теперь вот хоть разорвись. Нету по всему посаду кухарок. Пришлось взять Польку — так, девчонку ледащую.

И вот в Покровской церкви к вечерне вызванивали, Полька эта самая в зальце пол мела, посыпав спитым чаем, как Чеботариха учила. А Чеботариха сама тут же сидела на крытом кретоном диване и помирала от скуки, глядя в стеклянную мухоловку: в мухоловке — квас, а в квасу утопились со скуки мухи. Чеботариха зевала, крестила рот. "Ох, Господи-батюшки, помилуй..."

И смилостивился: какой-то топот и гвалт в сенях — и Урванка впихнул Барыбу. Так оторопел Барыба — увидел Чеботариху самое,— что и вырываться перестал, только глаза, как мыши, метались по всем углам.

Про цыпляточек Чеботариха услыхала — раскипелась, слюнями забрызгала.

— На цыпляточек, на андельчиков Божиих, руку поднял? Ах, злодей, ах, негодник! Полюшка, веник неси. Не-си, неси, и знать ничего не хочу!

Урванка зубы оскалил, саданул сзади коленкой — и мигом на полу Барыба. Закусался было, змеем завился — да куда уж ему против Урванки-черта: разложил, оседлал, штаны дырявые мигом содрал с Барыбы и ждал только слова Чеботарихина — расправу начать.

А Чеботариха — от смеху слова-то и не могла сказать, такая смехота напала. Насилу уж раскрыла глаза: чтой-то они там на полу затихли?

Раскрыла — и оступился смех, ближе нагнулась к напряженному, зверино-крепкому телу Барыбы.

— Уйди-кось, Урван. Слезь, говорю, слезь! Дай поспрошать его толком... — на Урванку Чеботариха не глядела, отвела глаза в угол.

Медленно слез Урванка, на пороге — обернулся, со всех сил хлопнул дверью.

Барыба вскочил, метнулся скорей за штанами: батюшки, от штанов-то одни лохмоты! Ну, бежать без оглядки...

Но Чеботариха крепко держала за руку:

77

— Вы чьих же это, мальчик, будете?

Еще оттопыривала нижнюю губу, вместо "мальчик" сказала "мыльчик", еще напускала важность, но уж что-то другое учуял Барыба.

— Са-сапожников я... — и сразу вспомнил всю свою жизнь, заскулил, завыл.— За экза-амен меня отец прогнал, я жи-ил... на бал... На балкаши-и...

Всплеснула Чеботариха руками, запела сладко-жалобно:

— Ах, сиротинушка ты моя, ах, бессчастная! Из дому — сына родного, а? Тоже отец называется...

Пела — и за руку волокла куда-то Барыбу, и тоскливо-покорно Барыба шел.

— ...И добру-то поучить тебя некому. А враг-то — вон он: украдь да украдь цыпленочка — верно?

Спальня. Огромная, с горою перин, кровать. Лампадка. Поблескивают ризы у икон.

На какой-то коврик пихнула Барыбу:

— На коленки, на коленки-то стань. Помолись, Анфимушка, помолись. Господь милосливый, он простит. И я прощу...

И сама где-то осела сзади, яростно зашептала молитву. Обалдел, не шевелясь стоял на коленях Барыба. "Встать бы, уйти. Встать..."

— Да ты что ж это, а? Как тебя креститься-то учили? — схватила Чеботариха Барыбину руку.— Ну, вот так вот: на лоб, на живот... — облепила сзади, дышала в шею.

Вдруг, неожиданно для себя, обернулся Барыба и, стиснув челюсти, запустил глубоко руки в мягкое что-то, как тесто.

— Ах ты етакой, а? Да ты что ж это, вон что, а? Ну, так уж и быть, для тебя согрешу, для сиротинки.

Потонул Барыба в сладком и жарком тесте.

На ночь Полька ему постелила войлок на рундуке в передней. Помотал головой Барыба: ну и чудеса на свете. Уснул сытый, довольный.

5

Жисть

Да, тут уж не то что на балкашинском дворе жизнь. На всем на готовеньком, в спокое, на мягких перинах, в жарко натопленных старновкою комнатах. Весь день бродит в сладком безделье. В сумерках прикорнуть на лежаночке рядом с мурлыкающим во все тяжкие Васькой. Есть до отвалу. Эх, жисть!

Есть до того, что в жар бросит, до поту. Есть с утра до вечера, живот в еде класть. Так уж у Чеботарихи заведено.

Утром — чай, с молоком топленым, с пышками ржаными на юраге. Чеботариха в ночной кофте белой (не очень уж, впрочем), голова косынкой покрыта.

— И что это в косынке вы всё? — скажет Барыба.

— То-то тебя учили-то! Да нетто можно женщине простоволосой ходить? Чай, я не девка, ведь грех. Чай, венцом покрытая с мужем жила. Это непокрытые которые живут, непутевые...

А то другой какой разговор заведут пользительный для еды: о снах, о соннике, о Мартыне Задеке, о приметах да о присухах разных.

Туда-сюда — ан, глядь, уже двенадцатый час. Полудновать пора. Студень, щи, сомовина, а то сазан соленый, кишки жареные с гречневой кашей, требуха с хреном, моченые арбузы да яблоки, да и мало ли там еще что.

В полдень — ни спать, ни купаться на реке нельзя: бес-то полуденный вот он — как раз и прихватит. А спать, конечно, хочется, нечистый блазнит, зевоту нагоняет.

Со скуки зеленой пойдет Барыба на кухню, к Польке: дура-дура, а все жив человек. Разыщет там кота, любимца Полькина, и давай его в сапог сажать. Визг, содом на кухне. Полька, как угорелая, мыкается кругом.

— Анфим Егорыч, Анфим Егорыч, да отпустите вы Васеньку, Христа ради!

Скалит зубы Анфимка, пихает кота еще глубже. И Полька умоляет уж Васеньку:

— Васенька, ну, не плачь, ну, потерпи, ребеночек, потерпи! Сейчас, сейчас отпустит.

Истошным голосом кричит кот. У Польки — глаза круглые,

косенка наперед перевалилась, тянет за рукав Барыбу слабой своей рукой.

— Уйд-ди, а то самое сапогом так вот и шкрыкну!

Запустил в угол Барыба сапог вместе с котом и доволен, грохочет — громыхает по ухабам телегой.

* * *

Ужинали рано, в девятом часу. Принесет Полька еду — и отсылает ее Чеботариха спать, чтобы глаз не мозолила. Потом вынимает из горки графинчик.

— Выкушайте, Анфимушка, выкушайте еще рюмочку.

Молча пьют. Тоненько пищит и коптит лампа. Долго никто не видит.

"Коптит. Сказать бы?" — думает Барыба.

Но не повернуть тонущие мысли, не выговорить.

Чеботариха подливает ему и себе. Под тухнущим светом лампы — в одно тусклое пятно стирается у ней все лицо. И виден, и кричит только один жадный рот — красная мокрая дыра. Все лицо — один рот. И все ближе к Барыбе запах ее потного, липкого тела.

Долго, медленно умирает в тоске лампа. Черный снег копоти летает в столовой. Смрад.

А в спальне — лампадка, мельканье фольговых риз. Раскрыта кровать, и на коврике возле бьет Чеботариха поклоны.

И знает Барыба: чем больше поклонов, чем ярее замаливает она грехи, тем дольше будет мучить его ночью.

"Забиться бы куда-нибудь, залезть в какую-нибудь щель тараканом"...

Но некуда: двери замкнуты, окно запечатано тьмой.

* * *

Нелегкая, что и говорить, у Барыбы служба. Да зато уж Чеботариха в нем все больше, день ото дня, души не чает. Такую он силу забрал, что только у Чеботарихи теперь и думы, чем бы это еще такое Анфимушку ублажить.

— Анфимушка, еще тарелочку скушай...

— Ох, и чтой-то стыд на дворе ноне! Анфимушка, дай-ка я тебе шарфик подвяжу, а?

— Анфимушка, ай опять живот болит? Вот грехи-то! На-

80

кося, вот водка с горчицей да с солью, выпей — первое средствие.

Сапоги-бутылки, часы серебряные на шейной цепочке, калоши новые резиновые — и ходит Барыба рындиком этаким по чеботаревскому двору, распорядки наводит.

— Эй, ты, гамай, гужеед, где кожи вывалил? Тебе куда велено?

Глядишь — и оштрафовал на семитку, и мнет уж мужик дырявую свою шапчонку, и кланяется.

Одного только за версту и обходит Барыба — Урванку. А то ведь и на Чеботариху самое взъестся подчас. Терпит, терпит, а иной раз такая посчастливится ночь... Наутро мутное все, сбежал бы на край света. Запрется Барыба в зальце, и мыкается, и мыкается, как в клетке.

Осядет Чеботариха, притихнет. Зовет Польку.

— Полюшка, поди — погляди, как он там? А то обедать зови.

Бежит, хихикая, Полька обратно:

— Нейдеть. Зёл, зёл, и-и, так поперек полу и ходить!

И ждет Чеботариха с обедом час, два.

А уж если с обедом ждет, уж если час святой обеденный нарушает — уж это значит...

6

В чуриловском трактире

Раздобрел Барыба на приказчицком положении да на хороших хлебах.

Встретил его на Дворянской почтальон Чернобыльников, старый знакомец,— так прямо руками развел:

— И не узнать. Ишь купцом каким!

Завидовал Барыбе Чернобыльников: хорошо парню живется. Уж как-никак, а должен, видно, Барыба спрыснуть, угостить друзей в трактире: что ему, богатею, стоит?

Уговорил, улестил малого.

К семи часам, как уговор был, пришел Барыба в чуриловский трактир. Ну, и место же веселое, о Господи! Шум, гам, огни. Половые белые шмыгают, голоса пьяные мелькают спицами в колесе.

Голова кругом пошла у Барыбы, опешил, и никак Чернобыльникова не разыскать.

А Чернобыльников уж кричит издали:

— Э-эй, купец, сюда!

Поблескивают пуговицы почтальонские у Чернобыльникова. И рядом с ним какой-то еще человечек. Маленький, востроносый, сидит — и не на стуле будто сидит, а так на жердочке прыгает, вроде — воробей.

Чернобыльников кивнул на воробья:

— Тимоша это, портной. Разговорчивый.

Улыбнулся Тимоша — зажег теплую лампадку на остром своем лице:

— Портной, да. Мозги перешиваю.

Барыба разинул рот, хотел спросить, да сзади толкнули в плечо. Половой, с подносом на отлете, у самой головы, уж ставил пиво на стол. Галдели, путались голоса, и надо всеми стоял один — рыжий мещанин, маклак лошадий, орал:

— Митька, эй, Митька, скугаревая башка, да принесешь ты ай нет?

И запевал опять:

> По тебе, широка улица,
> Последний раз иду...

Узнал Тимоша, что из уездного Барыба, обрадовался.

— Самый этот поп тебе, значит, и подложил свинью? Ну, как же, зна-аю его, знаю. Шивал ему. Да не любит он меня, страсть!

— За что же не любит-то?

— А за разговоры мои разные. Намедни говорю ему: "Как это, мол, святые-то наши на том свете, в раю будут? Тимофей-то милосливый, ангел мой и покровитель, увидит он, как я в аду буду поджариваться, а сам опять за райское яблоко возьмется? Вот те и многомилосливый, вот те и святая душа! А не видеть меня, не знать — не может он, по катехизису должен". Ну, и заткнулся поп, не знал, что сказать.

— Ловко! — заржал Барыба, загромыхал, засмеялся.

— "Ты бы,— поп мне говорит,— лучше добрые дела делал, чем языком-то так трепать". А я ему: "Зачем, говорю, мне добрые дела делать? Я лучше злые буду. Злые для ближних моих пользительней, потому, по Евангелью, за зло мое им Господь Бог на том свете сторицею добром воздаст..." Ах, и ругался же поп!

— Так его, попа, так его,— ликовал Барыба. Полюбил бы

вот сейчас Тимошу за это, за то, что попа так ловко отделал,— полюбил бы, да тяжел был Барыба, круто заквашен, не проворотить его было для любви.

За столиком, где сидел рыжий мещанин, зазвенели стаканы. Страшный, рыжими волосами обросший кулак драбазнул по столу. Мещанин вопил:

— А ну, скажи? А ну, еще раз скажи? А ну-ка, а ну?

Повскакали соседи, сгрудились, повытянули шеи: ох, любят у нас скандалы, медом их не корми!

Какой-то длинношеий верзила вывернулся из свалки, подошел к столику, здоровался с Чернобыльниковым. Под мышкой держал фуражку с кокардой.

— Удивительно... И уж сейчас все лезут, как бараны,— сказал он гусиным тонким голосом и выпятил презрительно губы.

Сел. На Тимошу с Барыбой — ноль внимания. Говорил с Чернобыльниковым: почтальон — все-таки вроде чиновник.

Тимоша, не обинуясь, вслух объяснил Барыбе:

— Казначейский зять он. Женил его казначей на последней своей, на засиделой, и местишко ему устроил, в казначействе писцом — ну, он и пыжится.

Казначейский зять будто не слушал и еще громче говорил Чернобыльникову:

— И вот после ревизии представили его к губернскому секретарю...

Чернобыльников почтительно протянул:

— К губе-е-рнскому?

Тимоше невтерпеж стало — влез в разговор.

— Почтальон, Чернобыльников, а помнишь, как его намедни исправник-то из дворянской... энтим самым местом выпихнул?

— Просил бы... Пок-корнейше просил бы! — сказал казначейский зять свирепо.

А Тимоша досказывал:

— "...Ан не пойдешь!" — "Ан пойду!" Ну, слово за слово,— об заклад. Влез он в дворянскую. А на бильярде-то как раз казначей с исправником играл. Наш франтик — к тестю: на ухо пошептал, будто за каким-то делом пришел. Да там и остался стоять. А исправник — начал кием нацеливаться, все пятился, пятился, да невзначай будто так его и выпихнул, энтим самым местом. Ох, Господи, вот смеху-то было!

Надрывались со смеху Барыба с Чернобыльниковым.

Казначейский зять встал и ушел не глядя.

— Ну, еще помиримся,— сказал Тимоша.— И ничего ведь малый был. А теперь — на лбу кокарда, а во лбу — барда.

7

Апельсинное дерево

У Польки, у дуры босоногой, на кухне только одно окошечко и есть, да и на том стекло зацвело, от старости заразноцветилось. А на окне у Польки — баночка.

Посадила — давно уж, с полгода будет — в баночку эту Полька апельсинное зерно. А теперь, гляди, уж и целое деревцо выросло: раз, два, три, четыре листочка, малюсеньких, глянцевых.

Помыкается на кухне, погремит Полька горшками — да и опять подойдет к деревцу, листочки понюхает.

— Чудно. Было зерно, а вот...

Берегла-холила. Кто-то сказал, что, мол, хорошо это для росту — стала деревцо поливать супом, коли остался от обеда.

Раз Барыба из трактира вернулся поздно, встал утром злючий-презлючий, чаю глонул — и сейчас в кухню, душу отвести. Звала его теперь Полька не иначе как барином: очень лестно.

Полька как раз у окна своего возилась, около деревца любезного.

— Где кот?

Полька, не обертываясь, копошилась. Робея, отвечала:

— Они, барин, ушли. Да где-нибудь на дворе, наверно, где ж еще?

— Ты это что там стряпаешь?

Притихла, сробела, молчала. Блюдце с супом в руке.

— Су-упом? Траву поливаешь? Для этого тебе суп даден, дуреха ты этакая? Сейчас подай сюда!

— Ды-к, это пельсин, барин...

Полька затрепыхалась от страха: ох, и что теперь будет?

— Я те покажу пельсин! Супом поливать, дура, а?

Барыба схватил баночку с апельсином. Полька заревела. Да что тут долго с ней, дурой, вожжаться? Выхватил с корнем деревцо да за окно, а баночку поставил на место. Очень даже просто.

Полька ревела в голос, грязные полосы наследились от слез на лице, причитала по-бабьи:

— Пельсин мой, ды-ы батюшка, да как же я без тебя буду-у...

Барыба весело поддал ей сзади пару, и она выкатилась из двери, по двору — да прямо в погреб.

Разгрыз какой-то камень, вот тут, с Полькой, с апельсином этим — и полегчало сразу. Скалил зубы Барыба, пьянел.

Увидал в окно, как Полька спустилась в погреб. Повернулся в голове медленно какой-то жернов — и заколотилось вдруг сердце.

Вышел на двор, огляделся по сторонам и юркнул в погреб. Плотно закрыл за собой дверь.

После солнца — да в темь: совсем ослеп. Шарил по сырым стенам, спотыкался:

— Полька, где ты? Ты там где, дура, зачихачилась? Слышно, где-то хлюпает Полька, хнычет, а где... Затхло, могильно, сыро. Щупал руками по картошкам, кадушкам, свалил деревянный кружок с крынки какой-то.

Вот она, Полька: на куче картошек сидит, размазывая слезы. Крошечная какая-то дырочка вверху — пролез один хитрый, прищуренный лучик и отрезал кусок косы у Польки с тряпичной лентой, пальцы, грязную щеку.

— Будя, будя, не реви, засохни!

Барыба легонько налегнул на нее, и она повалилась. Послушно двигалась и была вся, как тряпочная кукла. Только еще чаще захныкала.

Во рту пересохло, язык еле ворочался у Барыбы. Плел что-то — так, чтоб занять ее голову, отвлечь ее от того, что он делал:

— Да, ишь ты, штука какая, пельсин! А ты и реветь? Мы тебе, вместо пельсина, дай-кось, ерань купим... Ерань — она... это самое... духовитая...

Полька тряслась вся и хныкала, и в этом была своя особая сладость Барыбе.

— Так, та-ак! Реви теперь, ну, реви вовсю,— приговаривал Барыба.

* * *

Польку выпроводил. Сам остался еще, растянулся на куче картошек, отдыхая.

Вдруг заулыбался Барыба до ушей, довольный. Сказал вслух Чеботарихе:

— Что, перина старая, съела, ага?

И показал в темноте кукиш.

Вышел из погреба, зажмурился: солнце. Поглядел под сарай: там копошился, спиною к нему, Урванка.

8

Тимоша

Сидели в трактире за чаем. Тимоша приглядывался все к Барыбе.

— Неуютный ты какой-то, погляжу я. Бивали тебя, должно быть, вот как.

— Бивали, как же,— засмеялся Барыба. Лестно даже было: бивали — а теперь вот поди-ка, сунься.

— То-то ты и вышел такой, чадушко. Души-то, совести у тебя — ровно у курицы...

И завел свое — о Боге: нет, мол, Его, а все выходит, жить надо по-Божьи; и о вере, и о книгах. Непривычно ыло Барыбе так много молоть своим жерновом, томили Тимошины мудреные слова. Но слушал — тяжелый телегой тащился за Тимошей. Кого же и слушать, как не Тимошу: голова-парень.

А Тимоша уж дошел до самого своего до главного:

— Вот, покажется иной раз — есть. А опять повернешь, прикинешь — и опять ничего нет. Ничего: ни Бога, ни земли, ни воды — одна зыбь поднебесная. Одна видимость только.

Тимоша повертел по-воробьиному головкой, теснило что-то.

— Одна видимость. Дойти-то до этого, что-о! Нет, а вот с одним ничем-то этим с глазу на глаз пожить, воздухом-то попитаться. Вот тут, брат...

И увидел, что заблудился уж Барыба, отстал, спотыкнулся. Махнул Тимоша рукой:

— Э, да что! Ни к чему тебе это, ты-то утробой живешь... У тебя Бог-то съедобный.

Вышли из трактира. Ночь июньская, нежаркая, липой пахнет, сверчки в траве заливаются. А Тимоша в ватное обряхался, ну и чудак же!

— Ты что ж это, Тимоша, кутафья кутафьей?

— А, да ну! Не спрашивал бы. Ту-бер-ку-лоз, брат. Так фершал в больнице и сказал. Простужаться — ни Боже мой.

"Ишь ты, то-то он квелый такой" — и как-то увесисто почуял вдруг Барыба тяжесть своего звериного, крепкого тела. Шел тяжко-довольный:было приятно ступать на землю, попирать землю, давить ее — так! Вот так!

У Тимоши, в комнатушке с драными обоями, сидели за некрашеным столом трое ребят, веснушчатых, востроносых.

— Мать где? — крикнул Тимоша.— Опять нету?

— К земскому ушла, приходили,— робко сказала девочка. И стала в углу надевать полсапожки: неловко босиком-то, чужой какой-то пришел.

Тимоша насупился.

— Давай кулеш, Фенька. Да бутылку из выхода принеси.

— Мамаша не велела бутылку.

— Я те дам мамашу. Живо, живо! Садись, Барыба.

Сели за стол. Наверху пищала тоненько лампа жестяным абажуром, увешанным дохлыми мухами.

Фенька из миски стала было отливать в долбленку кулеш ребятам. Тимоша на нее крикнул:

— Это что? Отцом родным гребуете? Мать подучает все? Ну, я ее подучу, дай-ка, придет вот! Шляется...

Ребята стали хлебать из общей миски, не в охотку, понуро. Тимоша хихикнул криво и сказал Барыбе:

— Вот Господа Бога искушаю. В больнице говорят — она, мол, прилипчивая, чахотка-то. Ну, вот, и погляжу: прилипнет к ребятам ай нет? Поднимется у него, у Господа Бога, рука на ребят несмысленных,— поднимется ай нет?

В окно постучали чуть-чуть, робко.

Тимоша торопливо распахнул раму и пропел ядовито:

— А-а, пожаловала?

И потом Барыбе:

— Ну, брат, сбирай свои манатки. Больше тебе тут глядеть нечего. Тут дело пойдет сурьезное.

9

Ильин день

Под Ильин день вечер — особенный, и благовест — свой особенный: в соборе — престол, в монастыре — престол, стряпухи во всех домах пироги к завтрему пекут, а в небе Илья-пророк громы заготавливает. И небо-то под Ильин день какое: чисто да тихо, как в избе, вымытой к празднику. Все-то спешат по своим церквам: не дай Бог к Ильину тропарю опоздать, будут весь год слезы литься, как дождь, от века положенный на Ильин день.

Ну, уж это кто-кто опоздает, да не Чеботариха только, первая она богомольница в Покровской церкви. Во-он когда, загодя еще, запряг лошадей Урванка.

Запряг, идет по двору — как раз мимо погреба. Глядь — а дверь открыта. Буркнул Урванка:

— Ишь, дьяволы, и дверь-то расхлябячили. Люди Богу молиться идут, а они — на-ка тебе. Охальники!

И посолил словечком покрепче. Хотел было дверь закрыть, да нет. Постоял, ухмыльнулся.

Пришел доложить Чеботарихе: все, мол, готово.

— А только дозвольте вас просить через черный ход выйтить...— и узлом завязал Урванка улыбку на закопченном своем лице: поди-кось, раскуси, что она такое означает.

— Чтой-то мудришь ты, Урванка! — сказала Чеботариха. Однако ж поплыла, шурша шелковым, коричневым с цветочками платьем.

Спустилась, пыхтя, по ступенькам. Прошла мимо погреба.

— Дверь-то бы закрыл, догадался. Все им скажи да покажи...— Чеботариха женщина степенная, хозяйственная, а такая мимо раскрытой двери разве пройдет спокойно? Хоть и не надо, а закроет.

— А их-то как же, припереть там прикажете?

— Кого такое — их?

— Как кого? А Анфим-то Егорыч с Полькой? Чать, и им бы надо под Ильин-то день ко всенощной сходить?

— Брешешь, пыдлец ты этакой! Ни в жисть не поверю, чтоб Анфимка с ней...

— Да вот разрази меня Илья завтра громом, коли ежели я вру.

— А ну, перекрестись?

Урванка перекрестился. Стало быть — правда.

Побелесела Чеботариха и затряслась, словно опара, взбухшая до самых краев дежи. Урванка подумал: "Ну, завоет". Нет, вспомнила, видно, что на ней шелковое платье. Выпятила важно губу и сказала, будто ничего такого и не было:

— Урван, дверку-то закройте. Пора нам, пора в церкву.

— Слушаю, матушка.

Щелкнул засовом, отвязал лошадей, запылила по дороге знаменитая линейка Чеботарихина.

* * *

Чеботариха стояла, как всегда, впереди, у правого клироса. Сложила на животе руки и уперлась глазами в одну точку, на правом дьяконовом сапоге. К сапогу прилипла какая-то бумажка, дьякон стоял перед Чеботарихой на амвоне, и бумажка не давала покоя.

— "Недугующих и страждущих"... И меня, стало быть, страждущую. Ах ты, Господи, ну, и подлец же Анфимка!

Кланялась в землю, а бумажка на сапоге — вот она, так и мельтешится перед глазами.

Ушел дьякон — еще того хуже: нейдет из головы Анфимка проклятый. А она-то его холила, а?

Только во время "Хвалите" Чеботариха и развлеклась немного, о Барыбе чуть позабыла. Нет, каково: дьяконова-то Ольгуня, образованная-то, столбом стоит! Вот оно, образование-то, все чтоб по-своему, не как все. Не-ет, надо дьякону про это напеть...

Сторож в отставном солдатском мундире тушил в церкви свечи. Дьякон вынес Чеботарихе на тарелочке хлебец: прихожанка она была примерная, богобоязненная, хорошо платила.

Чеботариха притянула его за рукав и долго про Ольгуню шептала на ухо и качала головой.

* * *

Урванка налегнул, отодвинул засов. Выскочил Барыба как ошпаренный.

— Чай кушать пожалуйте,— сказал, ухмыляясь, Урванка.

"Неужто не сказал?" — подумал Барыба.

Чванная, в шелковом, лубом стоящем, платье сидела

89

Чеботариха, ломала на кусочки поднесенный дьяконом хлебец и глотала, как пилюли, очень громко: кто же святой хлеб жует?

"Ну, уж говорила скорей бы",— ждал Барыба, сердце трепыхалось и ныло.

— К чаю-то, может, молочка топленого велеть принести? — поглядела Чеботариха как будто и ласково. "Измывается либо? А может, и впрямь — не знает?"

— Да где ее, Польку-то, теперь сыщешь? Кургузить начинает, вешала-девчонка. Вы бы, Анфимушка, приглядели за ней.

Так вот, просто, будто бы и ничего, говорила себе Чеботариха, глотала хлебец по кусочкам, сметала со стола взятые крошки и ссыпала в рот.

"А ведь не знает, как Бог свят",— вдруг Барыба уверился. Развеселился, улыбался четырехугольной своей улыбкой, ржал — рассказывал, как дуреха эта Полька супом поливала пельсинное дерево.

Солнце садилось медное, ярое: задаст Илья завтра грозу. Алели белые чашки, тарелки на столе. Важная, молчаливая сидела Чеботариха и не усмехнулась ни един раз.

* * *

Весело отбивал Барыба поклоны в спальне, рядом с Чеботарихой, и благодарил неведомых каких-то угодников: миновало, пронесло, не сказал Урванка!

Загасла лампадка. Ночь душная, тяжкая под Ильин день. В темноте спальни — жадный, зияющий, пьющий рот — и частое дыхание загнанного зверя.

У Барыбы перестало биться сердце, заерзали перед глазами зеленые круги, слиплись на лбу волосы.

— Да ты что, али рехнулась? — сказал он, выпутываясь из ее тела.

Но она облепила, как паук.

— Не-ет, миленький, не-ет, дружок! Не уйдешь, нет!

И томила его невидными и непонятными в темноте, злыми ласками — и сама всхлипывала: замочила слезами все лицо у Барыбы.

* * *

До утра. Сквозь каменный сон услышал Барыба колокол —

к Ильинской обедне. Во сне услышал какое-то пение и ворочал окаменевшие мысли, силился сообразить.

Но проснулся только, когда кончили петь. Вскочил сразу как встрепанный. "Да ведь это попы молебен в зале отпели!"

Оделся, глаза слипались, голова чужая.

Попы уже ушли. Чеботариха одна сидела в зальце, на кретоновом диване. Была опять в шелковом, лубом стоящем, платье и в кружевной парадной наколке.

— Проспали молебен-то Ильинской, а? Анфим Егорыч?

Может, оттого, что и правда — проспал и было уже около полудня, а может, оттого, что пахло в зальце ладаном — стало Барыбе неловко как-то, не по себе.

— Садитесь, Анфим Егорыч, садитесь, побеседуем.

Помолчала. Потом закрыла глаза и лицо сделала, будто и не лицо, а так — пирог сдобный. Голову набок — и сладким голосом:

— Так-то вот, грехи наши тяжкие. И не замолить их. А на том свете — Он-то, батюшка, все припомнит, Он, батюшка, в геенне серной дурь-то всю-ю выкурит. Барыба молчал. "И куда это она гнет?" Вдруг Чеботариха распялила вовсю глаза и, брызгая слюной, закричала:

— Да ты что же, пыдлец ты етакой, молчишь, как воды в рот набрал? Ай, думаешь, я про шашни твои Полькой ничего не знаю? Девчонку спортить, пыдлец ты етакой развратной,— нипочем тебе?

Ошарашенный, Барыба, молча, ворочал челюстями и думал: "А ведь вчера поросенка-то зарезали — это, поди, нынче к обеду".

Чеботариха совсем раскипелась от молчания Барыбина. Затопала, сидя, ногами.

— Вон, вон из мово дому! Змей подколодный! Я его на груде отогрела, паршивца, а он — на-кося! На Польку — это меня-то, а?

Не понимая, не в силах повернуть чем-то налитых мыслей, сидел Барыба, как урытый, молча. Глядел на Чеботариху. "Ишь, как брыжжет-то, брыжжет-то, а?"

Опомнился, когда в зальцу вошел Урванка и сказал ему с улыбкой, с веселой:

— Ну, нечего, брат, нечего. Проваливай-ка. Твово тут, брат, ничего нету.

И сзади нахлобучил Барыбе картуз.

* * *

Перед Ильинскою грозою пекло солнце. Ждали — воробьи, деревья, камни. Засохли, томились.

Барыба, очумелый, шатался по городу, присаживался на всех лавочках по Дворянской.

— Что ж теперь дальше-то, а? Что ж теперь? Куда?

Мотал головой и все никак не мог этого стряхнуть: балкашинский двор, ясли, собаки голодные дерутся из-за кости...

Бродил потом по каким-то задним улицам, по мураве зеленой. Проезжал мимо водовоз, у одного колеса соскочила, позванивала шина. Почуял Барыба, что и правда пить-то ведь хочется. Попросил, напился.

А с севера, от монастыря, насела уж туча, разломила небо на две половинки: голубую, веселую, и синюю, страшную. Синяя все росла, пухла.

Как-то себя не помня, очутился Барыба под навесом, у чуриловского трактира в подъезде. Лил дождь; сбились в подъезде какие-то бабы, задрав на голову подолы; громыхал Илья. Эх, все равно — валяй, греми, лей!

Само собой как-то вышло, что пошел Барыба ночевать к Тимоше. А Тимоша даже и не удивился нисколечко, как будто каждый день к нему Барыба ночевать ходил.

10

Сумерки в келье

Летом в четыре часа — самое глухое по нашим местам время. Никто из хороших людей на улицу и носу не высунет: жарынь — несусветная. Ставни все позакрыты, с полной утробой сладко спится после обеда. Одни вихорьки, серенькие, полуденными бесами приплясывают по пустым улицам. К калитке какой-нибудь подойдет почтальон, стучит, стучит. Да уж нет, не прогневайся: не откроют.

Непристанный, шатущий, бредет в эту пору Барыба. Как будто и сам не знает — куда. А ноги несут — в монастырь. Да и куда же еще? От Тимоши — к Евсею в монастырь, от Евсея — к Тимоше.

Стена зубчатая, позаросшая мохом. Будочка, вроде собачьей, у обитых железом ворот. А из будочки выходит, кривляясь, с кружкой Арсентьюшка, блаженненький — виттопляска с ним — вратарь, даяния собирает, неотвязный.

— Ишь, пристал, наяный!

Положил ему Барыба семитку и пошел по белым накаленным плитам, мимо могил именитых горожан за позолоченными решетками. Любили именитые тут хорониться: всякому лестно в монастыре лежать, и чтоб денно и нощно о нем ангельские чины молились.

Постучал Барыба в Евсееву келью. Никто не ответил. Он открыл дверь.

За столом без подрясников, в одних белых штанах и рубахах, сидели двое: Евсей и Иннокентий.

Евсей зашипел на Барыбу свирепо: ш-ш-ш! И опять уставился, не мигая, наливной, стеклянноглазый — в стакан свой с чаем. А Иннокентий, губошлепый, баба с усами — замер над своим стаканом.

Барыба у притолоки остановился, глядел, глядел: да что они, ополоумели, что ли?

У другой притолоки стоял Савка-послушник: масляные, прямые палки-волосы, красные, рачьи ручищи.

Савка почтительно фыркнул в сторону:

— Ф-фы! Дак, к отцу Евсею-то в стакан муха того и гляди сядет. Ай не видите, что ли?

Ничего не понимая, лупил Барыба глаза.

— Дак, как же? Это у них теперича самая разлюбезная игра. Пятак, там, гривенник поставят — и ждут, и ждут. К которому батюшке первому муха в стакан попадет — тот, стало быть, и выиграл.

Савке охота побалакать с мирским. Говорит, все время закрывая из почтения рот огромной красной ручищей:

— Гляньте-кось, гляньте-кось, отец Евсей-то.

Евсей — сизый, наливной, наклонился к стакану, щерился рот у него все шире — и вдруг грохнул, хлопнул себя по коленке рукой:

— Е-эсть! Вот она, голубушка! Мой пятак! — и пальцем выловил муху из стакана.— Ну, малый, чуть не подкузьмил меня. Спугнул ведь было мушку-то матушку.

Он подошел к Барыбе поближе, уставился стеклянными своими глазами, забубукал:

— А мы, малый, и видеть тебя не чаяли. Слышали, совсем бландахрыстом стал. Думали, до смерти баба тебя заездит. Ведь Чеботариха-то, она баба — я-те дам, жадёна!

Усадил чай пить Барыбу, сам допивал стакан, из которого

выловил мушку-матушку. Да какая же без зеленого вина встреча? — выставил Евсей и косушку на стол.

Савка подал второй самовар. На столе — медяки, Псалтырь, крендели, рюмки с отколотыми ножками.

Иннокентий что-то расстроился после водки, глазки у него слипались, то и дело клал голову на стол, подперев кулачком. Жалобно вдруг запел "Свете тихий". Евсей и Савка подтянули. Савка пел басом, откашливаясь в сторону и прикрывая красной ручищей рот. Барыба подумал: "Эх, все равно!" — и тоже горестно стал подвывать.

Вдруг Евсей оборвал и заорал:

— Сто-ой! Стой — тебе говорю!

А Савка все еще тянул. Евсей кинулся к нему, схватил за глотку и притиснул к спинке стула, полоумный, дикарь. Задушит.

Иннокентий встал, согбенный, старушечьими шажками подошел сзади к Евсею и пощекотал ему подмышки.

Евсей захохотал, забулькал, замахал руками, как пьяная мельница, отпустил Савку. Потом сел на пол и затянул:

> На-а горе сидит калека,
> У-бил чем-то человека...

Все, молча, усердно подтягивали, как раньше — "Свете тихий".

Смерклось, слилось, закачалось все в пьяной келье. Огня не зажигали. Иннокентий ныл и приставал ко всем, шамкая — старушонка с усами и седой бородой. Попритчилось вот ему, что поперхнулся он чем-то. Застряло вот в глотке, да и только. Колупал-колупал пальцем: не помогает:

— Ну-ка, попробуй ты, Савушка, миленочек, пальчиком? Может, и ощутишь что.

Савушка лез, вытирал потом палец о полу подрясника.

— Ничего, ваше преподобие, нету. Так это, пьяный бес блазнит.

Евсей прикорнул на кровати и долго лежал так, ни слуху ни духу. Потом вскочил вдруг, лохмами своими затряс.

— По мне, ребятки, в Стрельцы бы, этта, теперь махануть. На радостях встречных. Барыба малый, а, ты как? Деньжат бы вот только перехватить где. У келаря разве? Как, Савка, а?

Невидный, у двери заржал Савка. Барыба подумал: "Что ж, отшибет, пожалуй. Позабыть бы все".

— Коли отдашь завтра... У меня есть малость денег-то, последние,— сказал он Евсею.

Евсей живо взбодрился, мотал, как веселый пес, головой, выпялил стеклянные свои глаза.

— Да я, перед Истинным вот, завтра отдам, у меня есть ведь, да только далеко спрятаны.

Шли вчетвером мимо могил. Полумертвый месяц мигал из-за облака. Иннокентий зацепился подрясником за решетку, струхнул, закрестился, свернул назад. Трое полезли через стену по нарочно, для ходу, выломанным кирпичам.

11

Брокаровская баночка

Вот и опять тяжко-жаркий, дремучий послеполудень. Белые плиты на монастырской дорожке. Липовая аллея, жужжанье пчел.

Впереди Евсей, в черном клобуке, с приквашенными лохмами: нынче ему черед вечерню служить. А сзади — Барыба. Идет, да нет-нет и опять растворит, как ворота, четырехугольную свою улыбку.

— Уж больно ты, Евсей, в клобуке-то чудной да непригожий. Гречневик бы тебе мужицкий или папаху, куды бы гожее было.

— Да я, малый, и то — в юнкера хотел идти, да запьянствовал ненароком. Вот под монастырь и угодил.

Эх, Евсей! Какой бы краснорожий, сизоносый казацкий есаул из тебя вышел. Или бы писарь волостной, пьяница, мужикам панибрат. А вот, поди ж ты, изволением Божиим...

— А как ты, Евсей, плясовую-то вчера в Стрельцах откатал, а?

> Во монахи поступили,
> Самовары закупили

Евсей заухмылялся, передернул было плечами. Да уж нет, в этом бабьем наряде — куды там. Вчера — вот это так: рубаху веревочкой подпоясал по-деревенски, под самые под мышки, порты крашенинные белые с синими полосочками, борода рыжая лопатой, зенки того и гляди выскочат — настоящий

95

лешак деревенский, и плясать ловкач. То-то нахохотались стрелецкие девки вдосталь!

Пришли. Барыба постоял минутку у старых церковных дверей. Вышел Евсей, поманил пальцем.

Ну, иди, малый, иди. Никого нету. Сторож — и то кудай-то ушел.

Низенькая, старая, мудрая церковь — во имя древнего Ильи. Видала виды: оборонялась от татаровья, служил в ней, говорят, проездом боярин Федор Романов, в иночестве Филарет. В решетчатые окна глядят старые липы.

Бубукает, шумит, не уймется и тут Евсей, есаул в клобуке. Старые, худые, большеглазые угодники жмутся по стенам — от махающего руками, бородатого, громкого Евсея.

Евсей стал на колени, пошарил рукой под престолом.

— Тута,— сказал он и вынес к свету пыльную баночку от брокаровской помады. Откупорил, перелистал, слюнявя, четвертные бумажки.

Беспокойно заворочал Барыба своим утюгом.

"Ох ты, дьявол! Десяток, а то либо и больше. И на кой они ляд ему?"

Евсей отложил одну бумажку.

— А остатние — либо на помин души оставлю, а то либо, этта, однова как-нибудь заберу все да стрелецким девкам на пропой раздарю.

Белые плиты монастырской дорожки. Гудят пчелы в старых липах. Тяжкий звон кружит хмельную голову.

"И на кой они ляд ему?" — думает Барыба.

12

Монашек старенький

На теплой от солнца скамеечке каменной, возле Ильинской церкви, старый-престарый сидит монашек. Выцвела, позеленела у него ряска, прозеленью пошла борода седая, обомшали руки, лицо. Лежал вот где-то, как клад, под старым дубом, выкопали его — взяли и посадили тут на солнышке греться.

— Да тебе лет-то сколько, дедушка? — спрашивает Барыба.

96

— И-и, милый, позабыл я. Да, вот, Тихона-то вашего Задонского, помню. Хорошо служил батюшка, истово.

Все вертится Барыба около монашка позеленелого, все льнет к нему. Ох, недаром!

— Пойдем, дед, в церковь, я тебе подметать помогу.

И ходят под темными прохладными сводами. Убирает любовно монашек старую свою церковь, с угодниками шепчется. Свечку засветит — и станет, любуется, теплится перед ней.

"Дунуть, вот — и потухнут и свечка, и монашек",— думает Барыба.

Ходит он за монашком следом: одно подаст, другое подержит. Полюбил Барыбу монашек. Народ-то нынче непочетник пошел, забыли все старого, слова перемолвить не с кем. А этот вот...

— Дед, а ведь страшно, поди, ночью-то одному в церкви?

— И-и, что ты, Христос с тобой, с ней-то, родимой, страшно?

— Дед, давай я ночую с тобой?

Строго говорит из глубокого дупла своего монашек:

— Сорок лет один на один с ней ночевывал. И нелеть никому окромя и ночевать-то в ней. Мало ли там что в церкви ночью...

Береги ее, береги, ревнивый. Правда, мало ли что в ночной старой церкви?

"Ладно, подожду", — и ходит следом Барыба.

За всенощной под Тихона Задонского уж так-то притомился старый монашек. Народу — несть числа было. Уж потом прибирали-прибирали с Барыбой, насилу-то кончили.

Оглядел монашек все двери, все запоры ржавые проверил и присел на минуточку малую отдохнуть. Присел — и потух ветхий, заснул. Подождал Барыба, кашлянул. Подошел, тронул за рукав монашка — спит. Шасть скорей в алтарь, и ну — под престолом шарить. Шарил — шарил: нашел.

Крепко спит старый монашек — приучается уже смертным сном спать. Ничего не слыхал старый монашек.

13

Апросина избушка

Кончается Дворянская, захудалые последние ларьки и фонари. А дальше — Стрелецкий пруд, старые лозинки кругом, обомшалый скользкий плот, стучат, нагнувшись, бабы вальками, ныряют утята.

У самого пруда, на Стрелецкой слободской стороне присуседилась Апросина избенка. Ничего себе, теплая, сухая. Под скобку стриженная соломенная крыша, оконца из стекольных зацветших верешков. Да много ли Апросе с мальчонкой вдвоем и надо? Двухдушный надел сдала арендателю, а там, гляди, к празднику и муж гостинец пришлет — трешну, пятишну. И письмо:

"И еще с любовью низкий поклон дражайшей супруге Апросинье Петровне... А еще уведомляю, что нам опять прибавили по три рубли в год. И мы опять порешили с Илюшей остаться в сверхсрочных..."

Спервоначалу Апрося тосковала, конечно,— дело молодое, а потом загас, забылся муж в сверхсрочных. Так, представлялся вроде марки какой на письме или вроде печати: его, мол, печать, его марка. А больше и ничего. Так и обошлась Апрося, обветрела, в огороде копалась, обшивала мальчонку, на постирушки ходила.

У Апроси у этой и снял комнату Барыба. Сразу понравилось: домовито, чисто. Уговорились за четыре с полтиной.

Апрося была довольна: жилец солидный, не какой-нибудь оторвяжник, и с деньгами, видимо. И не очень чтоб заворотень или гордец, когда и поговорит. Заботилась теперь о двух: о мальчонке своем и о Барыбе.

Весь день на ногах — обветрелая, степенная, ржаная, крепкогрудая: поглядеть любо.

Тихо, светло, чисто. Отдыхал Барыба от старого. Спал без снов, деньги были: какого рожна еще нужно? Ел не спеша, прочно, помногу.

"Ну, ин ладно, угождаю, стало быть",— думала Апрося.

Накупил Барыба книжонок. Так, лубочных, дешевка, да очень уж завлекательные: "Тяпка — лебедянский разбойник", "Преступный монах и его сокровища", "Кучер Королевы Испанской". Валялся Барыба, подсолнухи лущил, читая.

Никуда не тянуло: перед Чернобыльниковым почтальоном и перед казначейским зятем было вроде неловко: поди, теперь уж все проведали. А на баб даже и глядеть не хотелось, после Чеботарихи не осела еще муть.

Ходил гулять в поле, там косили. Вечерняя парча на небе, покорно падает золото ржи, красные взмокшие рубахи, позванивают косы. И вот бросили — и к жбанчикам с квасом, пьют, капли на усах. Эх, всласть поработали!

Думалось Барыбе: вот бы так. Чесались крепкие руки, сжимались жевательные мускулы... "А казначейский-то зять? Вдруг бы увидал"...

— То-оже, выдумал, в мужики пойти. Еще, пожалуй, кожи возить на Чеботарихином заводе? Самая стать...— сердито бурчал на себя Барыба.

Вертись не вертись, а надо что-нибудь и выдумывать: так, без дела, не проживешь на Евсеевы деньги, не Бог знает какие тысячи.

Покумекал-покумекал Барыба да и настрочил прошение в казначейство: авось возьмут писцом, помощником бы к казначейскому зятю. Вот бы фуражку тогда с кокардой — знай наших!

Духота под вечер была смертная. Барыба все же напялил бархатный свой жилет (остаток житья привольного у Чеботарихи), воротничок бумажный, брюки "на улицу", и пошел на Дворянскую: где ж, как не там, казначейского зятя найти.

Тут, конечно. Ходит, длинногачий, тощий, вешалка, на всех глядит кисло, тросточкой помахивает. Так и хочет сказать: "Ты кто такой? А я, видишь, чиновник — фуражка с кокардой".

Кислую улыбку сунул Барыбе:

— А-а, эт-то вы! Прошение? Гм-гм.

Оживился, подтянул штаны, поправил воротничок. Почувствовал себя приветливым начальством.

— Что же, я передам, хорошо. Я сделаю, что могу. Ну, как же, как же, старое знакомство.

Барыба шел домой и думал:

"Ух, и смазал бы тебя, кислая харя. Однако что говорить — образованно себя держит. А воротничок-то? Самого настоящего полотна и, видать, каждый раз — новый".

14

Вытекло веселое вино

Келарь Митрофан разнюхал, выведал все, собака, о Евсеевом походе в Стрельцы. Может, конечно, и сам Евсей разблаговестил, нахвастал. А только знал келарь все до последней капли: и как отплясывал Евсей в рубахе одной, под мышками подпоясанной, и песню эту: "Во монахи поступили", и развеселое катанье на живейных по Стрельцам. Келарь, конечно, игумену. Игумен призвал Евсея да так его разнес, что Евсей вылетел, как с верхнего полка из бани.

Поставили Евсея на послушание к хлебопеку. К службам не ходил. В подвале у хлебопека — жара, как в аду. Главный чертище Силантий, косматый, красный, орет на месильщиков, а сам отмахивает на лопате в печь пудовые хлебы. Месильщики, в одних белых рубахах, подвязав веревочкой космы, ворочают тесто, кряхтят, работают до седьмого пота.

Зато и спал Евсей, как давно не спал. И глаза стеклянные как будто отошли малость. О косушке и подумать некогда было.

Все бы хорошо, да кончилось послушание. Опять пошло старое. Заслужил Евсей, забубнил молитвы. Опять Савка-послушник суется в глаза рачьими своими ручищами, ноет Иннокентий, баба с усами.

Савка рассказал про Иннокентия:

— Анадысь они, отец Иннокентий, пошли в баню. Там дьяконок один был, из сосланных, веселый. Кэ-эк увидал он отца Иннокентия в натуральном виде: "Батюшки, кричит, да это баба, гляди, гляди, груди-то обвислые, стало быть — рожалая".

Иннокентий запахивал плотнее ряску.

— Бесстудный он, дьяконок-то твой. Оттого ему такое и притчится.

Дьяконок этот самый и сгубил Евсея. Пришел дьяконок с воли, скучно, понятно, вот он и шатался из кельи в келью. Забрел как-то к Евсею. Сидели Евсей с Иннокентием над стаканами, опять дулись "в муху" — к кому первому муха в стакан попадет. Увидал дьяконок, помер со смеху, завалился на Евсееву кровать, ножками болтает, ой-ой-ой (ножки у него коротенькие, маленькие, глаза — как вишенки).

На веселый лад дьяконок настроился — и пошел, и пошел. Все свои семинарские анекдоты выложил, мастер на это был.

Сначала скромно. А потом уж пошел и про попа, этого самого, что исповедников посылал догрешить: назначал им епитимью по пятнадцати поклонов за два раза — ну, и никак было не сосчитать, все выходило с дробью. И про монашку, которую догнали в лесу бродяги, целых пятеро, а она потом сказывала: "Хорошо-де, и вдосталь, и без греха".

Ну, словом, всех уложил. Евсей поперхнулся от смеху, стучал кулаком по столу.

— Ай да дьякон! Ну, и разуважил. Придется, видно, угощенье тебе поставить. Подождете, отцы, а? Я в секунд.

— Куда тебя буревая несет? — спросил дьякон.

— Да за деньгами. Они, брат, у меня под спудом лежат, нетленные. Тут, недалеко. И глазом не морганешь...

И впрямь — дьякон и рассказа нового досказать не успел, а Евсей уж тут как тут. Вошел, прислонился к притолке.

— Иди, богатей, иди, предъяви-ка,— весело закричал дьякон и подошел к Евсею. Подошел — и обмер: Евсей — и не Евсей. Обвис, обмяк, вытек весь как-то: проткнули в боку дыру, и вытекло все вино веселое, остался пустой бурдюк.

— Да ты чего же молчишь-то? Или приключилось что?

— Украли,— сказал Евсей не Евсеевым, тихим голосом и бросил на стол две последних бумажки: для потехи оставил вор...

Оно и раньше-то, правду сказать, Евсей умом тихий был, а тут и с последнего спятил. Пропил остатние четвертные. Бродил пьяный по городу и выпрашивал пятачки опохмелиться. Забрал его будочник в участок за веселое на улице поведение — будочнику этому весь нос расквасил и удрал в монастырь.

Наутро пришли к нему друзья-приятели: Савка-послушник, да отец Иннокентий, да маленький дьяконок. Стали его увещать: опомнись, что ты, выставит тебя игумен из монастыря, побираться, что ли, идти?

Евсей лежал на спине и все молчал. Потом вдруг захлюпал, распустил нюни по бороде:

— Да, как же, братцы? Я не от денег, мне денег не жалко. А только раньше я, захоти вот, нынче же и вышел из монастыря. А теперь — хоти не хоти... Слободный был человек, а теперь...

— Да кто же это такое тебя объегорил? — нагнулся дьяконок к Евсею.

— Не знал, а теперь знаю. Не наш, мирской один. И ничего ведь как будто малый, а вот... Он, больше некому. Кроме него, и не знал никто, где у меня деньги.

Савка заржал: а, знаю, мол!

Вечером, при свечке, за пустым столом — и самовар неохота было вздуть — судили, рядили, как быть. Ничего не придумали.

15

У Иванихи

Утром после обедни зашел Иннокентий. Принес просвиру заздравную. Зашептал:

— Знаю теперича, отец Евсей. Вспомнил. Пойдем-ка скорей к Иванихе. У-у, она известная, заговорит вора — в момент объявится.

Утро росное, розовое, день будет жаркий. Воробьи празднуют.

— Эка, спозарань поднял,— ворчал Евсей. Иннокентий шел мелкой бабьей походкой, придерживая на животе рясу.

— Никак, отец Евсей, нельзя. Или не знаешь, заговор — он натощак только силу имеет.

— Врешь ты все, поди, Иннокентий. Так только, зря проходим. Да и срамно — духовным-то.

Иваниха — старуха высоченная, дылда, костистая, бровястая, брови, как у сыча. Не очень-то ласково встретила монахов.

— Чего надоть? За какой присухой пришли? Али с молебном? Так мне ваших молебнов не надобно. И возилась, стукотала горшками на загнетке.

— Да нет, мы к тебе насчет... Отца Евсея вот обокрали. Не заговоришь ли вора-то? Слыхали мы...

Отец Иннокентий робел Иванихи. Перекреститься бы, а перекреститься при ней нельзя, пожалуй: шутяка-то тут,— еще спугнешь, ничего не выйдет. Как баба — шубейку, запахивал Иннокентий на груди свою ряску.

Иваниха глянула на него сверху, стегнула сычиными своими глазами:

— Так ты-то при чем? Его обокрали — нам с ним вдвоем и остаться.

— Да я, матушка, что ж, я...

Подобрал полы ряски, согнувшись, засеменил бабьими мелкими шажками.

— Как звать-то? — спросила Иваниха у Евсея.

— Евсеем.

— Знаю, что Евсеем. Не тебя, а на кого думаешь — его как звать.

— Анфимкой, Анфимом.

— Тебе на чем же заговаривать-то? На ветер? А то вот хорошо тоже на передник, над березовыми если сучьями его разостлать. А может — на воде? Да потом его, голубя, залучить да и попоить чайком на этой самой воде.

— Во-во, чайком-то его бы, а? Вот бы ловко, мать, а?

Евсей обрадовался, забубукал, поверил: уж очень солидная да строгая старуха Иваниха.

Иваниха зачерпнула деревянным долбленым корцом воды, раскрыла дверь в сени, поставила Евсея за порогом, сама на пороге стала. Сунула в руки Евсею корец.

— Держи да слушай. Да, гляди, никому ни слова, а то все на тебя же и оборотится.

Зачитала медленно, вразумительно таково, а глазами сычиными низала воду в корце.

— На море — на Кияне, на острове Буяне стоит железный сундучище. Во том сундучище лежит булатный ножище. Беги, ножище, к Анфимке-вору, коли его во самое сердце, чтобы он, вор, воротил покражу раба Божия Евсея, не утаил ни синь пороха. А коли утаит, будь он, вор, прогвожден моим словом, как булатным ножом, будь он, вор, проклят в землю преисподнюю, в горы араратские, в смолу кипучую, в золу горючую, в тину болотную, в дом бездомный, в кувшин банный. Коли утаит, будь он, вор, осиновым колом к притолке приткнут, иссушен пуще травы, захоложен пуще льда, а и умереть ему не своей смертью.

— Будя теперь,— сказала Иваниха — Попой его водичкой, голубя, попой.

Евсей бережно перелил воду в бутылочку, дал Иванихе целковый и пошел довольный:

— Я те, миленок, угощу чаем. Я те развяжу язык!

Ничем не проймешь

Привязалась к Барыбе ночью ни с того, ни с сего лихоманка. Трясло, корежило, сны заплетались неестественные.

Утром сидел за столом в тумане каком-то, пудовую голову на руки упер.

Стукнули в дверь.

— Апрося?

А головы не повернуть, такая тяжелая. У двери кашлянули баском.

— Савка, ты?

Он самый: волосы-палки, красные рачьи ручищи.

— Беспременно просили. Они дюже по вас соскучились, отец Евсей-то.

Потом подошел поближе, поржал:

— Чаем наговоренным хотят вас поить. А вы — ни Боже мой, не пейте.

— Каким наговоренным?

— Да известно, каким: на вора наговоренным.

— Эге! — смекнул Барыба. Очень смешно стало. Дурак Евсей! Туманилось, колотилось в голове, кривлялось что-то веселое.

У Евсея в келье — дымок сизый, накурено: дьяконок веселый надымил.

— А, гостечки дорогие!

И, вихляя задом, дьяконок подставил Барыбе руку кренделем.

Водки на столе не было: нарочно решили не пить, чтоб яснее в голове было — Барыбу уловлять.

— Чего это похудал ты, Евсей. Ай присушил тебя кто? — ухмыльнулся Барыба.

— Похудеешь. Не слыхал нешто?

— Деньжонки-то твои слямзили? Как же, слыхал.

Веселый, язвительный, подскочил дьяконок:

— А откедова же узнали вы это, Анфим Барыбыч?

— А вот — Савка сказал. Вот и узнал.

— Дурак ты, Савка,— обернулся Евсей уныло.

Сели за чай. Один стакан, наполовину налитый, стоял на

подносе особо, в сторонке. Иннокентий, суетясь, долил стакан кипятком и подал Барыбе.

Все уставились и ждали: ну, сейчас...

Барыба помешал, хлебнул не торопясь. Молчали, глядели. Стало чудно Барыбе, невтерпеж, захохотал — загромыхал по камням. За ним заржал Савка и залился тоненько дьяконок.

— Чего ты? — поглядел Евсей, глаза у него были рыбьи, вареные.

Громыхал Барыба, катился вниз, уж не остановиться, колотилось, зелено туманилось в голове. Смешливый задор задирал, толкал сказать:

— Я самый и есть. Я и украл.

Выпил Барыба, а все молчал и улыбался четырехугольно, зверино.

Евсею не сиделось.

— Ну, рассказывай, что ли, Барыба. Чего там.

— Про что рассказывать-то?

— Сам знаешь, про что.

— Ой, Акуля, чтой-то ты шьешь не оттуля! Тебе про деньги, а? Так я ж тебе говорю: Савка мне рассказал. Только всего и знаю.

Нарочным голосом говорил Барыба: вру, мол, а поди-ка, поймай.

Дьяконок подскочил к Барыбе, похлопал его по плечу:

— Нет, братец, тебя никакой разрыв-травой не проймешь. Крепок, литой.

Евсей замотал космами:

— Эй, пропадать! Беги, Савка, за вином.

Пили. Туманилось, колотилось в голове. Зеленел дымок от курева. Дьякон плясал матросский танец.

* * *

В сумерках Барыба вернулся домой. И у самой у Апросиной калитки почуял вдруг: подгибаются коленки, заволокло глаза. Приклонился к косяку, перепугался: никогда такого не бывало.

Открыла Апрося дверь, поглядела на жильца:

— Да что ж это на тебе лица нет? Аль неможется, а?

Как-то во сне очутился на кровати. Лампочка. Апрося в изголовье. На лбу мокрая, в уксусе, тряпица.

— Болезный ты мой,— сказала Апрося уютно и жалобно, немного в нос.

Сбегала Апрося к соседям, раздостала Барыбе порошку

лекарственного. Ночью заволакивало и опять проясняло в голове, и видел Барыба на стуле в изголовье дремлющую Апросю.

На третий день к утру отлегло. Лежал Барыба под белой простыней, с тенями серыми, осенними на лице. Попрозрачнел как-то, почеловечел. "И правда ведь, чужой я ей, а сидела ночь, не спала..."

— Спасибо тебе, Апрося.

— И что ты, болезненький мой. Чай, ведь болен ты.

И наклонилась к нему. Была она в одной юбке пестрядинной и холщовой рубахе, и совсем перед глазами у Барыбы мелькнули две острых колющих точки на груди под редким холстом.

Закрыл Барыба — и опять открыл глаза. В окна глядит летний жгучий день. Где-то там сверкает Стрелецкий пруд, купаются, белеет тело...

Заколотилось в голове еще жарче. Беспокойно задвигал Барыба тяжкими своими челюстями и потянул к себе Апросю.

— Вона что? — удивилась она.— Да может, вредно тебе? Ну-у, погодь, тряпку-то сменять пора.

Переменила спокойно тряпку и заботливо, хозяйственно легла на кровать к Барыбе.

* * *

Так и повелось. Целый день суетится, хозяйничает, горшками гремит Апрося, стрелецкая солдатка. Свой мальчишка, а тут еще и Барыба, и об нем пекись. Отболелся-то он, положим, живо, а все же управиться одной не просто.

Вечером вернется откуда-то Анфим Егорыч, заглянет к Апросе:

— Приходи, ужо-тка, вечерком.

— Прийти, говоришь? Ладно. Сбил ты меня с толку сейчас. И чтой-то мне нужно было сделать — совсем замстилось. Да, бишь, яйца повынать из-под кур: опять хорек проклятенный выпьет.

Бежала в курник. Раздувала потом самовар. Один у себя пил Барыба чай, перелистывал что-то. "И все читает, и все читает, долго ли так и глаза испортить". Укладывала мальчонку своего спать. Садилась на лавку и жужжала веретеном: сучила шерстяные серые нитки для зимних чулок. Шлепался сверху, с потолка, толстый черный таракан. "Ну, стало быть, поздно, пора". Тупым концом веретена почесывала в голове, зевала, крестила рот. Старательно, плюя на щетку, начищала Анфим-Егорычевы сапоги, раздевалась, аккуратно складывала все в уголку на лавке и несла сапоги Барыбе.

Барыба — ждал. Ставила Апрося у кровати сапоги и ложилась.

Уходила через полчаса. Позевывала. Отбивала десять поклонов, читала Отчу и засыпала накрепко: натрудилась за день, не оберешься хлопот.

17

Семен Семеныч Моргунов

Раз как-то Барыба сказал Тимоше:

— Да какой же ты портной? У тебя тут, дома, шитва-то никакого нету.

А очень просто, почему не было. Тимоша — он ведь какой: то ничего, ничего, а то как закрутит. Ну, и пропадай тогда заказчиковы брюки: обязательно пропьет. Знали эту манеру его и опасались ему на дом давать. Вот и ходил он шить по домам. Многих обшивал купцов, также и господ — хорошо шивал, мошенник. Между прочим, был он своим, можно сказать, человеком у адвоката Семена Семеныча Моргунова. Так и называл его Моргунов:

— Мой придворный портной.

Сапоги на Тимоше редко бывали: больше в закладе. И приходил он к Моргунову в старых резиновых калошах, а под мышкой в бумаге завернуты белые парусиновые туфли. В передней обязательно калоши скинет, туфли белые наденет — готов. И пойдут у них с Моргуновым разговоры необыкновенные: о Боге, об угодниках, о том, что все в мире — одна видимость, и как надо жить. Об Моргунове Тимоша понимал как об умном человеке. Да такой он и был, Моргунов Семен Семеныч.

Моргунов — это, впрочем, не настоящая его фамилия, а так — прозвание вроде, дразнили его так по-уличному. Да только на него поглядеть — сразу скажешь: Моргунов и есть.

Лик у Семена Семеновича был тощий, темный, иконописный какой-то. Глазищи — огромадные, чернищие. И не то изумленные какие-то, не то бессовестные — очень уж велики. Одни только глаза на лице и есть. И моргал ими он постоянно: морг, морг,— будто совестился глаз своих.

Да это что — глаза. Он и весь как-то подмаргивал, Семен-то Семеныч. Как пойдет по улице да начнет на левую ногу припадать — ну, как есть, весь, всем своим существом, подмаргивает.

И уж любили же его за хитрость купцы!

— Семен-то Семеныч, Моргунов? У-у, дока, язва! Этот, брат, дойдет. Без мыла влезет и вылезет. Ты гляди, гляди-ка, подмаргивает-то как, а?

Так и повелось, что вел он у купцов все их делишки темные: вексельные там или — чего лучше — несостоятельные. И уж не мытьем, так катаньем, а доймет-таки суд и выплывет. Зато и платили ему хорошо.

* * *

К Моргунову вот и повел Барыбу Тимоша. Да оно и пора было.

Осень была эта так, какая-то несуразная: падал снег и таял снег. А со снегом таяли Барыбины-Евсеевы денежки. Из казначейства пришел ответ: отказали, дьяволы, кто их знает, почему, какого рожна им еще нужно. Ну, вот и нужда была себе какое ни на есть дельце подыскать. Есть-то ведь хочется.

Семен Семеныч отвел Тимошу в сторонку и спросил о Барыбе:

— Это кто же будет?

— А это — так, вроде помощник мой: я вот шью, говорю — а он слушает. Без помощника-то ведь говорить не станешь, сам с собою.

Семен Семеныч задребезжал, засмеялся.

"Ну, значит, в духе: пойдет дело на лад",— подумал Тимоша.

— А раньше-то вы чем занимались? — спросил Моргунов Барыбу. Барыба замялся.

— А он у вдовы одной почтенной потешником был,— помог Тимоша, ковыряя иголкой в шитье.

Моргунов опять задребезжал: ну и занятие, нечего сказать.

А Тимоша невозмутимо продолжал:

— Ничего такого особенного. Дело торговое. Всё у нас теперь, по силе времени, дело торговое, тем только и живем. Купец селедкой торгует, девка утробой торгует. Всяк по-своему. А чем, скажем, утроба — хуже селедки, или чем селедка — хуже совести? Все — товар.

108

Моргунов совсем развеселился, подмаргивал, дребезжал, хлопал Тимошу по плечу. Потом засерьезничал вдруг, иконописный стал, строгий, глазами вот-вот проглотит.

— Что ж, заработать хотите? — спросил Барыбу.— Дело найдется. Мне вот свидетели нужны. Вид-то у вас внушительный, годитесь как будто.

18

В свидетелях

Так и начал Барыба в свидетелях ходить у Моргунова. Дело нехитрое. С вечера, бывало, Моргунов начинит Барыбу: вот это-то, гляди, не позабудь, Василий-то Курьяков, купецкий сын, толстый-то этот,— он только руку поднял первый. А ударил первым мещанин, рыжий который, ну да, рыжий. А ты, мол, был у садового забора и самоглазно все видел.

А наутро стоял Барыба у мирового, приглаженный, степенный, ухмылялся иной раз: чудно уж очень все это. Рассказывал аккуратно, как научил Моргунов. Купецкий сын Василий Курьяков торжествовал, мещанина сажали в кутузку. А Барыба получал трешницу, пятишницу.

Семен Семеныч только и знал — Барыбу похваливал:

— Ты, брат, солидный очень, да и упористый, кряжистый. Тебя с толку не сбить. Скоро я тебя по уголовным брать стану.

И стал Барыбу с собою возить в соседний город, где палата была. Справил Барыбе длиннополый, вроде купецкого, сюртук. В сюртуке этом часами Барыба шатался по коридорам палаты, позевывая и лениво ожидая своей очереди. Спокойно и деловито показывал — и никогда не путался. Пробовали было прокурор или там защитник сбить его с панталыку, да нет, куда: упрется — не сбить.

Хорошо заработал Барыба на завещании одном. Купец Игумнов помер. Почтенный был человек, семейственный, жена, девчушка. Рыбную торговлю держал, и все его в городе знали, потому что посты у нас очень строго блюдут. Руки у Игумнова у этого все, как есть, кругом в бородавках были. Говорили, что, мол, от рыбы: накололся об рыбьи перья.

Жил Игумнов, слава Богу, как все. А под старость приключилась с ним история: бес в ребро. Окрутила его округ пальца дочерина учительница, ну, просто, гувернантка. Жену с девчонкой со двора согнал. Лошади, вина, гости, море разливанное.

Только перед смертью старик и очухался. Призвал жену с дочерью, прощенья просил и завещание на ихнее имя написал. А первое завещание у мадамы осталось, у гувернантки этой самой, и все в том завещании ей было отписано. Ну, и завязалось дело. Сейчас, конечно, Семена Семеныча за бока:

— Семен Семеныч, голубчик. Что не в уме он второе завещание писал — обязательно это надо доказать. Свидетелей представить. За деньгами я не постою.

Думали-гадали Семен Семеныч с Барыбой. Покопался-покопался Барыба и вспомнил: видал как-то Игумнова, покойника — из бани он зимою выбежал и в снегу валялся. Дело у нас самое обыкновенное. А в таком сорте представили, что он зимой по улицам не в своем виде бегал. И свидетелей еще подыскали: что ж, правда, многие видывали.

И когда показывал это на суде Барыба, таково правильно все толковал и увесисто, как каменный фундамент клал — даже и сам поверил. И глазом не мигнул, когда игумновская вдова, в черном платочке на черничку похожая, поглядела на него очень пристально. А мадама после суда глазки ему сощурила:

— Вы прямо благодетель мой.

К ручке приложиться дала и сказала: "Заходите когда". Очень Барыба доволен был.

19

Времена

— Не-ет, до нас не дойдет,— говорил Тимоша уныло.— Куды там. Мы вроде, как во град-Китеже на дне озера живем: ничегошеньки у нас не слыхать, над головой вода мутная да сонная. А наверху-то все полыхает, в набат бьют.

А пущай бьют. Так у нас на этот счет говаривали:

— Это уж пусть себе они там в Вавилонах с ума-то сходят. А нам бы как поспокойней прожить.

И верно: как газеты почитать — с ума сходят. Почесть, сколько веков жили, Бога боялись, царя чтили. А тут — как псы

110

с цепи сорвались, прости Господи. И откуда только из сдобных да склизких вояки такие народились?

Ну, а у нас пустяками этими разными и некогда заниматься: абы бы ребят прокормить, ведь ребят-то у всех угол непочатый. Со скуки, что ли, кто их знает с чего, плодущий у нас народ до страсти. И домовитый по причине этого, богомольный, степенный. Калитки на засовах железных, по дворам псы цепные на рыскалах бегают. Чужого чтоб в дом пустить, так раза три из-за двери спросят: кто такой, да зачем. У всех окна геранью да фикусами позаставлены. Так-то оно дело вернее: никто с улицы не заглянет. Тепло у нас любят, печки нажаривают, зимой ходят в ватных жилетках, юбках, в брюках, на вате стеганных,— не найти таких в другом месте. Так вот и живут себе ни шатко ни валко, преют, как навозец, в тепле. Да оно и лучше: ребят-то, гляди, каких бутузов выхаживают.

Пришли к Моргунову Тимоша с Барыбой. Моргунов — с газетой сидит.

— Вот, министра-то ухлопали, слыхали или нет?

Тимоша улыбается — лампадку веселую зажег:

— Слыхали, как не слыхать. Идем это по базару, слышу, разговаривают: "Очень его даже жалко: поди, ведь тысяч двадцать в год получал. Очень жалко".

Моргунов так и затрясся от смеху:

— Вот они, все тут, наши-то: тысяч двадцать... очень жалко... Ох уморил!

Помолчали, газетами пошуршали.

— А у нас — тоже Анютку Протопопову в Питере забрали, доучилась,— вспомнил Барыба.

Моргунов сейчас же привязался и пошел подзуживать — знал, как Тимоша о бабах понимает: связываться с ними в серьезном деле — все одно, что мармелад во щи мешать.

— В гости бабу еще — туда-сюда, пустить можно. А в себя уж — ни-ни.— Тимоша грозит сухоньким своим пальцем.— В себя пустил — пропал. Баба — она, брат, корни — вроде лопуха пускает. И не вынесть никак. Так лопухом весь и зарастешь.

— Лопухом,— смеется, громыхает Барыба. А Моргунов кулаком стучит, орет неестественным голосом:

— Так их, Тимоша, так! А ну, прорцы еще, царю иудейский!

"И чего ломается, чего орет",— думал Барыба.

Правда, любил поломаться Семен Семеныч. Такой уж какой-то ненастоящий человек был, притворник, все-то подмигивает, выглядывает, с камешком за пазухой. И глаза — не то охальные, не то мученские.

111

— Пива нам, пива, пива! — орал Семен Семеныч. Приносила на подносе ясноглазая Дашутка, свежая — ну вот сейчас после дождя травка.

— Новая? — говорил Тимоша и не глядел на Моргунова.

Менял их Моргунов чуть не каждый месяц. Белые, черные, тощие, дебелые. И до всех одинаково ласков был Моргунов:

— Что ж, все они одинаковы. А настоящей все равно не найти.

За пивом, глядишь, Тимоша, завел уж о своем любимом, о Боговом, начал на Моргунова наседать с хитрыми вопросами: а коли Бог все может и не хочет нам жизнь переменить — так где же любовь? И как же это праведники в раю останутся? И куда же Бог денет этих убийц министровых?

Моргунов — не любит о Боге. Насмешник, наяный, а тут вот живо потемнеет, как черт от ладана.

— Не смей мне о Боге, не смей о Боге.

И говорит тихонько как-то, а жуть — слушать.

Тимоша доволен, смеется.

20

Веселая вечерня

Постом Великим все злющие ходят, кусаются — с пищи плохой: сазан да квас, квас да картошка. А придет Пасха — и все подобреют сразу: от кусков жирных, от наливок, настоек, от колокольного звона. Подобреют: нищему вместо копейки — две подадут; кухарке на кухню — пошлют кусок кулича господского; Мишутка наливку на чистую скатерть пролил — не выпорют для праздника.

Понятно, перепадало и Чернобыльникову, когда ходил он по домам, открытки расписные разносил и хозяев поздравлял с праздником. Где четвертак дадут, а где и полтинник. Насбирал Чернобыльников — и повел в чуриловский трактир приятелей: Тимошу, Барыбу да казначейского зятя.

Выцвел к весне Тимоша, общипанный ходит, как осенний воробейчик, ветром шатает — а хорохорится, бодрится туда же.

— Полечился бы ты, Тимоша, ей-Богу,— крушился Чернобыльников.— Гляди, какой стал.

— Чего лечиться-то? Все одно — помру. Да оно, по мне, и

любопытно — помереть-то. Ну как же: всю жизнь в посаде кис, никуда, а тут — в неведомые страны, спутешествовать, по бесплатному билету. Чать, лестно.

Знай себе посмеивается Тимоша.

— Ты бы не пил-то хоть так, вредно ведь тебе.

Нет, хоть ты что. Пьет, не отстает, по старому своему обычаю — пиво с водкой. И все в красный ситцевый платок покашливает: платчище себе завел — веретье целое.

— А это,— говорит,— чтобы в благородном месте на пол не харкать.

Ударили к вечерне. Старик Чурилов переложил серебро из правой руки в левую и перекрестился, истово, степенно так.

— Эй, Митька, получи! — крикнул Чернобыльников.

Вышли вчетвером. Веселится весеннее солнце, приплясывают колокола. Как-то и расходиться-то неохота, компанию разбивать.

— Эх, люблю я пасхальную вечерню,— зажмурил глаза Тимоша.— Плясовая, а не вечерня. Пойдем всем обчеством, а?

Барыба позвал в монастырь, благо он тут близко:

— А после вечерни к монаху одному знакомому чай пить сведу,— чудак такой.

Казначейский зять вынул часы:

— Никак нельзя, обещался к обеду, а у казначея опаздывать не принято.

— Ох, вот ушиб-то: не принято! — Тимоша засмеялся, закашлялся, полез за платком: нету.— Стой, ребята, платок наверху обронил. Сейчас сбегаю.

Взмахнул ручками, вспорхнул,— воробейчик.

Позванивают колокола веселые, идет нарядный народ к веселой пасхальной вечерне.

— Погоди-ка, орут наверху... чего там такое? — навострил Барыба большие свои нетопырячьи уши.

Казначейский зять скорчил мину.

— Опять, наверно, драка. Не умеют держать себя в обчественном месте.

Дз-зынь! — высадили вверху стекло, осколки со звоном — вниз. И сразу затихло.

— Ого,— прислушался Чернобыльников,— нет, тут что-то...

И вдруг кубарем, красный, взлохмаченный, выкатился, задыхаясь, Тимоша.

— Там они... вверху... приказали. И все... подняли руки и стоят.

Тр-рак, тр-рак! — затрещало вверху.

Казначейский зять вытянул длинную шею и стоял

секундочку, глядя вверх одним глазом, как индюк на коршуна. Потом закричал тонко и жалостно: стреля-яют! И пустился наутек.

А на лестнице загромыхали сапожищами, заревели, сыпались все сверху.

— И-и-и! Держи-и...

И опять: тр-рак, тр-рак.

На секунду: в дверях впереди всех — красное безглазое лицо.

"Должно быть, это со страху он закрыл глаза",— мелькнула мысль.

А он, безглазый, уж в переулочке напротив, уж сгинул. И следом сверху высыпались все как пьяные — дикие, распоясанные, гончие.

— Держи-и его! Не пуща-ай! ВО-ВОТ-ВОТ он!

Кого-то внизу у подъезда сграбастали, накинулись, притиснули, колотили — и все-таки ревели: держи-и,— так уж просто, нужно было вылиться через глотку.

Нагнувши голову, как баран, пробился Барыба вперед. Зачем-то это нужно было, чуял всем нутром, что нужно, стиснул железные челюсти, шевельнулось что-то древнее, звериное, желанное, разбойничье. Быть со всеми, орать, как все, колотить, кого все.

На земле, в кругу, лежал мальчишечка — чернявенький такой, с закрытыми глазами. У рубахи воротник сбоку разодран, на шее — черная родинка.

Старик Чурилов стоял в середине круга и пинал мальчишечку ногою в бок. Такая степенная, борода тут вся у него склочена, рот перекошен — куда вся богомольность девалась.

— Унесли! А, дьяволы! Убег один, со ста рублям убег! А, дьяволы?

И опять пинал. Из-за его спины тянулись к лежачему потные кулаки, но не смели: у Чурилова украли, он, стало, и хозяин тут, ему и бить.

Откуда-то вынырнул вдруг Тимоша, прямо перед носом у Чурилова-старика,— вскочил, красный, злой, и заклевал его, засыпал, замахал руками.

— Ты что ж это, хрыч старый, нехристь, злыдень? Убить мальца-то за сто целковых хочешь? Может, и убил уж? Гляди, не дышит. Дьяволы, звери, али человек-то и ста целковых не стоит?

Старик Чурилов сначала опешил было, а потом окрысился:

— Ты что, заодно с ними? Заступник? Ты, брат, гляди. Тоже

114

разговоры хорошие в трактире разводишь, люди-то слыхали. Держите его, православные!

Подошли было ближе, но замялись: все-таки Тимоша свой как будто, а эти были не нашенские. Так это, зря, наверно, старик...

Краснорожий, рыжий мещанин, маклак лошадий, по случаю праздника напялил бумажные манжеты. В свалке манжеты сползли вниз, между рукавом и белым торчали рыжие волосы, и еще страшней были его огромные руки.

Руки протянулись к Тимоше и легонько выпихнули его из круга. Рыжий мещанин сказал:

— Проваливай, проваливай, пока цел, заступник. Без тебя управимся.

И деловито начал обшаривать чернявенького мальчонку, переворачивая его, как тушу.

* * *

Куда уж там в монастырь идти — до того ли? Весь вечер у Тимоши просидел Барыба. Чернобыльников подошел попозже. И рассказал:

— Иду я, значит, по Дворянской... Слышу, на лавочке у ворот сидят и рассказывают: "А помогал, говорит, им наш же Тимошка-портной, вот пропащий-то человек".

— Дураки,— сказал Тимоша.— Сплетники. А Чурилову, злыдню, дьяволу, так и надо. Что ему от сотни — убудет? А они, может, два дня не ели?

Помолчал и прибавил:

— Ну, неуж и до нас дойдет? А коли бы дошло — ей-Богу, в самый бы омут полез. Укокошат — ну туда и дорога, все равно — моей жизни полвершка осталось.

21

Исправниковы хлопоты

Ну, вот, не было печали, так черти накачали. Руки вверх, туда же, это у нас-то! А теперь хлопот у исправника Ивана Арефьича — не оберешься.

115

Понаехали из губернии, суд военный,— и всё из-за какого-нибудь поганца-мальчишки. Председатель, полковник, худой, с седым бобриком, желудком страдал. Вот горя-то зазнал с ним Иван Арефьич! Того ему нельзя есть, другого нельзя — ну, сущая напасть.

В первый раз, как приехали гости незваные, Иван Арефьич устроил завтрак на диво: бутылки на столе, коробки распечатанные, окорока, кулебяка. А полковник позеленел даже весь от злости. Туда-сюда вилкой ткнет, понюхает:

— Кажется, очень жирно.

И скиснет, и не ест. Исправничиха Марья Петровна вся исстрадалась:

— Ах, ради Бога, полковник, что же вы не кушаете? "Ну, уж и влетит, должно быть, теперь моему Ивану Арефьичу".

Зато прокурор-душа поддержал. Круглячок, лысенький, розовый, как поросеночек. В баню, наверно, раза два в неделю ходит. И все закатывается, хохочет и всего по два куска себе накладывает.

— Ну-ка, еще кулебяки-то матушки. Только, знаете, по таким заплеснелым местам, вроде вашего посада, теперь на Руси и умеют по-настоящему, по-старинному, пироги печь...

А вечером у исправника в кабинете зажжены на письменном столе свечи (никогда в жизни не зажигались), разложены бумаги. Иван Арефьич пыхтит своей папиросой-пушкой и отгоняет дым в сторону: не дай Бог, в полковника дым попадет.

Полковник перечитал бумаги и поморщился кисло:

— Что же мы, с одним с этим мальчишкой будем возиться? Когда от него ни полслова не добьешься. Ужасно обидно. На то вы и исправник, чтобы уметь разыскать.

* * *

На кровати сидя, сапоги стягивал Иван Арефьич и все к исправничихе приставал:

— Уж я и ума не приложу, Маша. Подай им еще, одного мало. Да откуда я возьму, коли он убег? Да, вот что еще не забудь: полковнику завтра к двенадцати геркулесу на молоке, уварить хорошенько, да бутылку нарзану. Ох, боюсь я его, как бы не напакостил, злющий!

Марья Петровна записала:

— Геркулес... Нарзан... А ты вот что, Иван Арефьич, посоветовался бы ты с Моргуновым. Он пройда, он чего хочешь достанет,— ей-Богу, попробуй.

Иван Арефьич зарубил себе это на носу и спал поспокойнее малость.

* * *

На площади перед полицией, перед желтыми облупленными стенами — базар. Поднятые вверх и связанные оглобли, лошади с привязанными мешками овса у морд, визгливые поросята, кадушки с кислой капустой, возы с сеном. Хлопают по рукам, торгуясь; зазывают звонко; скрипят телеги; кучер земского в безрукавке пробует гармонику.

А в исправниковом кабинете чинят допрос. Полковник с тоскою вслушивается в себя, внутрь: в животе глухо урчит. "Ах, Господи, целую неделю не было, а теперь опять, кажется..."

Старик Чурилов вошел, степенный, длиннополый, лунь седая. Перекрестился.

— Как было-то? Да вот как, ежели все по порядку...

Рассказал, утерся ситцевым платком. Постоял, подумал: "Хорошо бы нажалиться на Тимошку-дерзеца, начальство, кажись, доброе".

— Вот еще, ваши благородия, есть тут портной Тимошка,— пропащий человек, дерзец. За мальчишку этого заступаться стал — за этого самого, какой стрелял-то. А я ему: ты, мол, из ихних, что ли? А он меня при всем при народе...

Старика отпустили. Прокурор потер мягкие потные ручки, расстегнул нижнюю пуговицу на мундире и сказал тихонько полковнику:

— Гм. Тимоша этот... Как вы думаете?

За окном торговались, кричали, скрипели. Полковник не выдержал:

— Иван Арефьич, да закройте окно! Голова трещит. Что за манера — базар перед самым кабинетом!

Иван Арефьич, на цыпочках, закрыл окно и позвал:

— Следующий.

Томно, жеманясь, рассказывал казначейский зять. Прокурор спросил:

— Так, значит, он вернулся в трактир, а потом опять выбежал? Ага. Ну, а платок? Вы о платке, кажется, что-то упоминали? Он за платком вернулся?

Казначейский зять вспомнил исплеванный красный Тимошкин платок, кисло поморщился и сказал гнусавя, с досадой:

— Какой платок? Я никакого платка не помню.

117

Как-то неприлично даже было и вспоминать-то ему об этом платке.

Барыба привычным нюхом шел за вопросами прокурора. И когда дошло до платка, он уверенно сказал:

— Нет, платка никакого не было. Сказал просто: дело наверху есть.

Когда отпустили Барыбу, прокурор хлебнул холодного чаю и сказал полковнику:

— Прикажете написать постановление о задержании этого самого Тимоши? По-моему, все эти показания... Я знаю, вы иногда чересчур осторожны, но тут...

У полковника в кишках схватывало, подкатывалось, и он думал:

"Черт знает! Эта исправничиха, толстая дура, что за провинциальная манера делать все жирным..."

— Так, я говорю, полковник...

— Ах, отстаньте, ради Бога! Пишите, что вам угодно. У меня ужасно живот болит.

22

Шесть четвертных

Как забрали Тимошу, никто даже и не удивился.

— Давно туда и глядел.

— Язык-то распускать он мастер был. Непочетник! О Боге-то все равно вон как об лавочнике Аверьяне разговаривал.

— И всюду, куда не следует, носом совался, обо всех судил. Скажи пожалуйста, какая нашлась Маремьяна-старица — обо всех печалится.

А Моргунов сказал:

— Такие головы у нас недолго держатся. Вот мы с Барыбой поживем.

Похлопал Барыбу по спине и поглядел на него иконописными своими глазищами, не то презрительно, не то ласково: поди-ка у него разбери — притворник он.

Вечером в тот же день Семена Семеныча к себе пригласил исправник Иван Арефьич — на чашку чаю. И умолял Христом-Богом:

— Наставьте вы этого своего... как его там... на путь

118

истинный. Ну да, Барыбу-то этого. Чтобы поопределенней как-нибудь на суде показал. Я ведь знаю, он у вас специалист, ну чего там, чего там, люди свои. Ей-Богу, они мне всю шею отвертели, губернские эти, разделаться бы с ними — да и с колокольни долой. А уж этот полковник с своими привередами: то ему не так, это не эдак...

Поторговались, сошлись на шести четвертных.

— Ну, чего там мало — не мало. И этому... как его... местишко какое-нибудь можно, Барыбе этому устроить. Чего ж еще лучше? Ну, писарем там, урядником...

А на другой день, за кронберговским пивом, Моргунов подходами всякими подходил к Барыбе, улещал его. Барыба все мялся.

— Да мы с ним вроде приятели были, чудно очень как-то, неловко.

— Эх, милый, нам ли с тобой стесняться да думать над чем-нибудь? С головою ведь увязнем, сгинем. Как это в сказке какой-то: оглянуться — помереть со страху. Так уж лучше без оглядки. Да оно ведь до суда-то еще и далеко. Коли оскомина будет — отказаться успеешь.

"А и правда, черт с ним, все равно чахотка там эта... А тут бы местишко еще если заполучить... Что же, весь век, что ли, с хлеба на квас?" И вслух Барыба сказал:

— Разве что для вас только, Семен Семеныч. Кабы не вы — ни за что.

— Кабы не я... Да я, голубь, знаю, что без меня такого бы сокровища из тебя не вышло. Ни то бы, ни се. А теперь...

Он помолчал, потом вдруг нагнулся к Барыбину уху и шепотом:

— А тебе черти не снятся? А я каждую ночь во сне вижу, каждую ночь — понимаешь?

23

Мураш надоедный

Согласился, и к исправнику ходил, и исправник кучу целую денег дал и наобещал такого... Тут бы Барыбе и радоваться. А вот — нудило что-то, мешало. Какой-то вот комарик маленький, мураш, залез в нутро и елозит там, и елозит, и никак его не поймать, не раздавить.

Ложился спать Барыба и думал:

"Завтра вечером. Значит, еще целый день до суда. Захочу вот, пойду и откажусь. Сам себе господин".

Спал и не спал. И все будто додумывал во сне недодуманную какую-то мысль:

"Да и жизни-то всего в нем полвершка".

И опять снилось уездное, экзамены, поп, засовывающий бороду в рот.

"Опять провалюсь, второй раз",— думал Барыба.

И додумывал:

"А мозговатый он был,— Тимоша, это уж правду сказать".

"Почему "был"? Как же "был"?"

Совсем распялил в темноте свои глаза и не мог больше спать. Елозил мураш надоедный, томил.

"Почему "был"?"

24

Прощайте

Поздно уж, о полдень, проснулся Барыба в Стрелецкой своей комнатушке: все кругом было светлое, ясное, и таким простым все открылось, что нужно было на суде сделать. Будто ничего этого, что ночью томило,— ничего такого и не было.

Принесла Апрося самоварчик, ситный и стала у порога. Рукава засучены, левую ладонь — под локоть правой руки, а на правую руку немудрую свою голову положила. И слушать бы Анфима Егорыча, слушать, вот так стоять, ужахаясь, вздыхая жалобливо, покачивая головой сердобольно.

Кончил Барыба чай пить. Сюртук Анфиму Егорычу подала Апрося и сказала:

— Чтой-то весел ты нынче, Анфим Егорыч. Али деньги получать?

— Получать,— сказал Барыба.

На суде Тимоша — ничего, бодрился, вертел головкой, и шея у него была длинная, тоненькая, такая тоненькая — поглядеть страшно.

А чернявый мальчишечка совсем какой-то чудной был:

120

осел весь, вроде как бы у него все кости стали вдруг мягкие, растаяли. Так и валился на сторону. Конвойный то и дело выправлял его и прислонял к стенке.

Барыба говорил уверенно и толково, но торопился: все же отсюда поскорее бы куда-нибудь уйти. Когда он кончил, прокурор спросил:

— Что же вы раньше-то молчали? Столько ценного материала.

Суд собрался уходить уж, как Тимоша вскочил вдруг и сказал:

— Да. Ну, так прощайте, все!

Никто не ответил.

25

Утром в базарный день

Утром, в веселый базарный день, перед острогом, перед местами присутственными — визг поросят, пыль, солнце; запах от возов с яблоками и лошадей; спутанный, облепленный базарным гамом колокольный звон — где-то идет крестный ход, просят дождя.

Исправник Иван Арефьич, в позеленелом мундире, с папиросой-пушкой, довольный, вышел на крыльцо и сказал, строго глядя в толпу:

— Преступники понесли законное наказание. Пре-ду-преждаю вас...

В толпе, тихой, вдруг зашуршало, закачалось: как в лесу налетел ветер.

Кто-то скинул шапку и перекрестился. А в задних рядах, подальше от исправника, голос сказал:

— Висельники, дьяволы!

Иван Арефьич круто повернулся и ушел. И сразу перед крылечком — как проснулись. Загамели все сразу, поднимались руки, всякому хотелось, чтобы его-то и услышали. Отмахивал саженки рыжий мещанин.

— Врут, не повесили,— убежденно говорил он.— Немысленное дело: как это можно живого повесить? Да нешто он дастся, живой-то? Руками, зубами будет... А чтоб живой дал себе на шею вздеть — да нешто это мысленное дело?

— То-то вот и оно, образование-то, книги-то,— говорил старик из торговцев.— Тимошка-то, он не в меру умен был, Бога забыл, вот оно...

Рыжий мещанин злобно поглядел на старика сверху и увидел, что из ушей у него растут волосы, длинные и седые.

— Молчал бы, сам в гроб глядишь,— сказал рыжий.— Гляди, из ушей уж волосы выросли.

Старик повернулся сердито и, вылезая из толпы, бормотал:

— Развелись всякие... Кончилось в посаде старинное житье, взбаламутили, да.

26

Ясные пуговицы

Белый, ни разу не стиранный еще китель, серебряные солнышки пуговиц, золотые жгуты на плечах.

"Мать пресвятая! Неужели это правда? Балкашинский двор и все такое — а вот теперь иду я, Барыба, в погонах?"

Пощупал: тут, есть. Ну, стало быть, правда.

От нотариуса, из подъезда с вывеской, вышел с сумкой почтальон Чернобыльников. Остановился, приглядывался. Отдал честь, балуясь:

— Господину уряднику.

А Барыба захолонул от гордости. Небрежно подбросил к козырьку руку.

— Давно произвели?

— Да вот, дня три. Китель только нынче кончили. Хлопот теперь — форму шить.

— Ва-ажно! Начальство, стало быть? Ну, честь имею.

Распростились. Барыба шел дальше: надо сегодня являться к исправнику. Шел и сиял, сытый собою, майским солнцем, погонами. И улыбался четырехугольной улыбкой.

У острога Барыба остановился, спросил у будочника:

— Иван Арефьич у себя?

— Никак нет, уехали на убийство.

И будочник, от которого когда-то прятался воровавший по базарам Барыба,— будочник вежливо козырнул.

Барыба даже и рад был, что исправник уехал на убийство: походить бы еще по солнцу в новом кителе, и чтобы все козыряли. "Эх, хорошо жить на свете! И дурак же — чуть-чуть было не отказался". Сжимались железные челюсти,— разгрызть бы теперь какие-нибудь самые крепкие камушки, как бывало в уездном.

— Эге-э! Вот что! Вот когда к отцу-то пойти. Дурак старый — прогнал, а пусть-ка теперь поглядит.

Мимо чуриловского трактира, мимо пустых ярмарочных ларьков, по тротуару из прогнивших досок, а потом и совсем без тротуара, переулочком — по травке.

У обитой оборванной клеенкой двери — эх, старая знакомая! — остановился на минуточку. Почти что любил отца. Э, да что там, весь посад бы сейчас расцеловал: как же не расцеловать, когда в первый раз надет китель с погонами, с ясными пуговицами.

Постучал Барыба. Вышел отец. У-у, брат, постарел-то как! Седая щетина на щеках, спустил очки на нос, долго глядел. Узнал — не узнал, кто его знает — молчит.

— Чего надо? — буркнул.

Ишь, сердитый какой. Ну, не узнал, ясно дело.

— Ну, не узнаешь, старик? А прогнал-то меня, помнишь? Однако, теперь вот — видишь. Три дня как произвели.

Старик высморкался, вытер пальцы о фартук и спокойно сказал:

— Слышал об тебе, слышал, как же. Добрые люди говорят.

Опять посмотрел поверх очков спокойно.

— И про Евсея, про монаха. И про портного тоже.

Запрыгала вдруг седая щетина на подбородке.

— И про портного, как же, как же.

И вдруг весь затрясся старик и завизжал, забрызгал слюной.

— Во-он из мово дому, вон, негодяй! Я т-тебе сказал, чтоб ты не смел к порогу мому приступать. Пошел во-он, вон!

Очумелый, вытаращил глаза Барыба и стоял, долго никак не мог понять. Когда прожевал, молча повернулся и пошел назад.

* * *

Мутнело уже на улице. Сумрачный ветерок потягивал из окна.

В чуриловском трактире за столиком, расставив ноги, руки в карманах, сидел Барыба, здорово уже нагрузившись. Бормотал под нос:

— Ну, и наплевать. Из-з ума выжил. Нап-плевать...

Но уже осело что-то на дне, замутило что-то. Не было веселого майского дня.

В уголку против Барыбы примостились у столика трое краснорядских приказчиков: один, пригнувшись, рассказывал что-то, двое слушали. И вдруг все трое грахнули, залились. Должно быть, что-нибудь уж очень чудное

— А-а, так? А-а, ты так? Так я им, й-я им п-покажу всем,— бормотал Барыба под нос.

Глаза у него заплыли, щерился злой четырехугольный рот, напряглись жевательные железные желваки. Приказчики опять весело грахнули. Барыба вынул вдруг руку из кармана и постучал ножом по тарелке — пьяными, спотыкающимися ударами.

Подскочил половой, Митька-скугаревая башка, нагнулся, ухмыляясь одной щекой, обращенной к приказчикам, и выражая почтенье другой щекой — господину уряднику. Приказчики вытянули носы и слушали.

— Пс-слушай. С-скажи им, что й-я им не п-пзволяю смеяться. Й-я им... У нас теперь смеяться с-строго не д-дозволяется... Нет, пс-стой, я сам!

Покачиваясь, огромный, четырехугольный, давящий, он встал и, громыхая, задвигался к приказчикам. Будто и не человек шел, а старая воскресшая курганная баба, нелепая русская каменная баба.

1912

124

АЛАТЫРЬ

1

ОТ ГРИБОВ ПРИНАСЛЕДНО

На том самом месте, где раньше грибы несчетно сидели кругом алатыря-камня,— тут нынче город осел.

И у жителей тех, видимо, дело — от грибов принаследно, пошло плодородие прямо буйное. Крестили ребят оптом, дюжинами. Проезжая осталась только одна улица: вышел указ — по прочим не ездить, не подавить бы младенцев, в изобилии ползающих по травке.

Так бы и впредь под благословением Божиим городу жить, да вышло такое дело: царь турецкий войною пошел. Народу побили видимо-невидимо. Приехал тут из губернии начальник и строго-настрого приказал: через год — была чтоб тыща младенцев, и больше никаких. Потому — война.

Алатырцы не выдали: поставили тыщу, да с гаком еще. А начальник-то — возьми да и похвали:

— Богатыри! Исполать, мол, вам.

Ну, с глазу, конечно, и съел. Перестали в Алатыре мужние жены детей приносить. А еще того хуже: как вот рыба в реке переводится — так перевелись в Алатыре все женихи. И пошло, и пошло неплодие.

Срам обуял неслыханный: вековуши — в Алатыре, а? Сроду того не бывало. И не то чтобы как, а и в самых в первых домах; у протопопа соборного — раз, у Родивона Родивоныча у инспектора — два, у исправника... Уж на что исправник сам, и у него на руках — Глафира.

А ведь только поглядеть на Глафиру: ростом высошенька, волос русый, глаз сверкучий, вся наливная — как спелая рожь. На рояле Глафира может: Касту Диву, Дунайские волны. И такая, поди ж ты, немужней осталась, не нынче завтра начнет осыпаться.

Целый день в исправницком доме кукушкой кукует гулко тоска. А чуть засинеет вечер — Глафира к окну: напротив, через дорогу, номера для приезжающих купца Агаркова — не загорится ли там огонек?

Будто — загорелся. Горбоносый, сел кто-то к столу писать. Завтра утром, чуть свет, к Глафире в окошко постучит половой из номеров: "От барина — вам письмо..."

И жарко живет Глафира всю ночь. Утром — нету письма. Ну, что ж, стало быть, завтра принесут.

Долго ли, коротко ли, но только в одно воскресное утро — из номеров половой и впрямь заявился с письмом. Запершись в светелке своей, разорвала Глафира конверт

"Милостивая государыня. Зная вашу красоту и любезность, осмелюсь предложить вам..."

Руки затряслись, буквы запрыгали от радости.

"...наилучшую рисовую пудру, а также спермацетовые личные утиральники..."

В тот день Глафира к обеду вниз не сошла: заперлась в своей светелке, просидела весь день. Вечером в столовой уставилась — и битый час, как пришитая, глядела в клетку с кенарем и с кенаркой (выписал ей исправник из Москвы специально). Глядела, глядела, да вдруг как схватит клетку-то эту, да об пол ка-ак шваркнет: от кенаря с кенаркой только мокро осталось. А уж когда ей исправник слово сказал, что, мол, этак нельзя с подарками, она так раскричалась, растопалась — еле исправник ноги унес.

Исправник с исправничихой держали совет: что такое с Глафирой? С чего девка сбесилась?

— Эка штука, пудры ей предложили. Разве это инцидент? — удивлялся исправник. И все свои брюки подтягивал, все подтягивал: это всегда было у исправника знаком душевного волнения.

А брюки носил исправник, на вате стеганные простудлив был очень, сложения слабого — замухрыш одно слово. Зато уж исправничиха — женщина росту серьезного, бурдастая, грудастая, а глас у ней — трубный. Как крикнет на мужа, трубным-то гласом

— Да ты что там мямлишь? Инцидент, инцидент. Какой ты есть градоначальник, ежели, как дочь свою пристроить, не изобретешь?

Подумал-подумал Иван Макарыч — и, видно, придумал что-то: наверх, на исправничиху, поглядел этак гордо.

— Я-то? Не изобрету? Очень даже просто: надо Глафирочку на службу определить. С ритуальной, так сказать, целью. Поняла?

Почесала исправничиха в голове спицей. — А и верно, глядишь. Ума ты палата, Иван Макарыч.

Сказано — сделано. Ходит Глафира на телеграф, год и

другой. А к ритуальной цели — ни на шаг. Хоть бы так, для виду, кто приволокнулся: никого.

Тут Иван Макарыч рукой махнул на Глафиру, на все — и в кабинет заперся. Уж если по правде — так только в кабинете у Ивана Макарыча и была настоящая жизнь. Незабвенные часы тут проводил Иван Макарыч, здесь возникали все великие и многочисленные его изобретения: состав для полнейшей замены дров в безлесных местах; тайна приготовлять не уступающий настоящему искусственный мрамор; особливый способ домашним путем производить отменные стекла для зрительных труб. И наконец, это многообещающее открытие последних дней: секрет печь хлебы не на дрожжах, как все, а на помете голубином, отчего хлебы будут вкуснейшие и дешевые гораздо. В какой-то книжке старинной откопал исправник этот секрет — и взялся за дело.

Иван Макарыч так полагал: делать — так уж делать на широкую руку, а не то чтобы там. Задешево, по случаю, приобрел восемнадцать пудов муки. А там — пекаря свои, даровые: арестанты из острога. Голубиный — не покупать этот самый...

— Пеки, ребята, сыпь в мою голову!

Пекли калачи, пекли. Таскали арестанты, таскали. Сперва в кабинет. Кабинет завалили, вылезли в зал, под рояль, на рояль. А кругом калачей Иван Макарыч гоголем ходит.

В ту пору исправничиха на богомолье была, у Стефана Болящего, у прозорливца. Вернулась, калачи увидала, да как взъестся, трубным-то гласом:

— Да, Господи-батюшко! Придумал ведь тоже: на голубином! Весь дом напоганил теперь...

— Да ты — на, отведай сперва, а потом толкуй.

— Чтобы я — да этакую погань? Да избави меня Бог, я еще в своем уме. И завтра же чтоб было чисто, хоть за окно. А то... знаешь?

Знал Иван Макарыч. Загорюнился, жалко нещечко-то свое кидать вон. Эх, как бы это... Подтянул исправник свои ватные брюки раз и другой.

— Бба-а! А Потифориха-то? А ну, Кошкарев, доставь.

Торговала на базаре Потифорна, Псалтырь читала, всякую боль заговаривала: от грызи, от срыву, от свербежа, от сглазу, от всего облегчить могла на все руки. На отшибе, в завалящем проулке, разыскали Потифорну и мигом представили перед исправника. Отмахнула Потифорна поясной поклон: зачем, мол, понадобилась?

— Да что, Потифорна, с докукой к тебе. Калачи, вот видишь? Возьмись-ка на базаре, продай, а уж я...

— И-и, отец, нам ли тебе не служить? Только молви.

Петр-Павел рябинник минул, пошли уж студеные утренники. Взяла с собой на базар Потифорна с угольем теплым горшочек и, сидя на том горшочке, торговала три пятницы калачом.

— Э-эх, калачи хороши — для спасения души, по-осненькие!

Рядом слепец, с деревянной баклушей, свою присказку ведет:

— Пр-равославные христианушки, от роду-рода-ро-дов, от веку-века веков, солнца кра-асного...

А зипун — чередом идет, кто с новой дугой, кто с лыком, кто с поросенком — дешевый калач закупать.

Через три пятницы пришла Потифорна к исправнику.

— Так, мол, и так, расторговалась вашей милости калачами, ни одного не осталось.

Иван Макарыч уж вот как доволен: не для-ради денег, а для-ради чести своей пред исправничихой.

— Ну, Потифорна, проси, чего хочешь, так ты меня ублажила.

— Уж коли милость твоя такая, так нельзя ли, отец, Костюньку мово в люди бы вывесть? В чиновники то есть. Хороший он малый, да только вот...

— Что — только?

— К сочинениям пристрастен. Сочинения, батюшка, все сочиняет, и день — и ночь, и сидит — и сидит, уж такое мне горе. Да вот, глянь-ка, милостивец.

Покопалась за пазухой, вытащила Потифорна прошение, сочиненное Костюней на случай неизвестного благодетеля.

— Мм... да, скоропись хорошая,— поглядел исправник.

"Прошение. Я обладаю естественной любознательностью ко всему ученому миру, в связи чего решил подготовить себя к литературной службе. И просьба к помощи, в виду неимения аванса прямо посещать училищную скамью.

Моя краткая биография из жизни: я воспитан в кругу нежных забот единственной матери, но не могу отплатить ей тем же, и хотя бы к старости лет ей пожить развязно.

Вот прискорбный факт покинутых сирот. Подпись: Константин Едыткин".

Походил исправник, подумал. Прошение — ничего, забористое, надо бы малого устроить, как-нибудь надо бы...

— Ну, а что, например, ежели мы его на телеграфиста приготовим, а? Глафира моя — она ведь по этой части.

— На телеграфиста? На чиновника? — затряслась Потифорна.

— Ну да, на чино...

И кончить исправник слова не успел, как Потифорна в ноги — кувырь. Только и видать: пучочек седых волос на затылке да куча старушечьего темного платья. Искусница Потифорна — поклоны бить.

2

КОШКА МИЛКА ИСПРАВНИЦКАЯ

Поутру на Покров нашлась кошка Милка исправницкая. Теперь лежала белая Милка в Глафириной комнатушке на антресолях, лежала — и молоком кормила своих четырех младенцев. Мурлыкала, жмурилась, вся извивалась белая Милка, сладко терзаемая четверкой розовых ртов.

Так это пронзило Глафиру, так замолилась, вся нецелованная, так запросила грудь касаний нежного рта, что хоть на стену лезь. А стены — гладкие, нет ни сучка, ухватиться не за что.

И вдруг нашла, ухватилась: вспомнила — толковал вчера исправник про какого-то Костю. Господи, может, Костя этот самый... Загорелось — сейчас же, сию же минуту туда поехать.

Для праздника, для Покрова, последний раз грело солнце. В завалящем проулке мирно купались куры в кучах назолу. Потифорна пред окошком читала акафист Пресвятей Богородице.

И вот — неслыханное дело — загремел тарантас в проулке. Ахнули куры, брызнули из-под копыт, акафист полетел на пол со страху.

"Батюшки, барышня исправникова! А дом не прибрат, а Коська — обормот чистый..." — кинулась Потифорна к Косте с новым пинжаком.

— Да руки-то, оголтень, тьфу... Руки-то суй скорей! И, обернувшись к двери,— соловьем тотчас же:

— Ма-атушка-барышня! Радость-то нам какая нынче для Покрова... Костюня, да кланяйся же!

Длинный, как скворешня, Костя нескладно поклонился, на жалостно-тонкой шее болталась большая голова. Был он похож на только что вынутого из яйца цыпленка: такие же они бывают длинношеие, все к костям прилипло, и качаются.

"Нет, не он..." — в тоске еще пущей заметалась Глафира около гладких стен. Мелькало в глазах засиженное мухами, как будто небритое море. Мелькал в глазах верхом на белой лошади генерал, разрезанный пополам, как яблоко.

Потифорна совала Глафире в руки какую-то баночку.

— Кофий это, барышня, кофий. Вот сейчас заварю. Пять лет берегла для гостя дорогого, вот погляди-ка сама, какой кофий-то... В Воронеже покупала, где Митрофаний-угодник.

Взяла Глафира баночку. Был на баночке белый лев, похожий на кошку Милку, и какая-то надпись. Невидящими глазами читала Глафира надпись. И раз, и другой, и еще прочитала вслух:

"Сей кофий, по приятности, подобен ливанскому. Но может быть употребляем как настоящий".

И так это Глафире показалось нестерпимо, жигуче смешно, что закатилась — засмеялась — заихала — полились слезы, и сквозь слезы кричала:

— Кофий, л-ле... лев... Кошка Милка... Милка, Милка моя!

Потифорна тряслась, разливала воду из стакана Глафире на колени. А Костя во всю ширь раскрыл голубые глаза и не чуял, что выкатилась слезинка, повисла светлой каплей на кончике носа. Отдал — все бы отдал теперь — только бы она перестала надрываться, только бы унять ее слезы.

В своем сундучке, под замком, уж два года Костя целомудренно берег тетрадку: ни один живой глаз ее не видал. Была тетрадка озаглавлена: "Сочинения Константина Едыткина, то есть Мои".

И теперь пришел час: без малейших колебаний — так было надо — Костя пошел, вынул тетрадку и положил на колени Глафире... Только бы перестала, только бы утешилась!

И правда: увидала Глафира заглавие — улыбнулась.

Заниматься к барышне исправниковой Костя ходил по вечерам — с шести. У Потифорны часы — Бог их знает: с той поры, как для лучшего ходу был привязан к гире старый утюг — что-то стали часы лукавить. И так выходило, что Костя до сроку забирался задолго.

— Барышня кушают чай, погоди мало-мале.

В темной прихожей садился Костя на стул. Шепотком повторял про себя урок. Кухарка тащила мимо Кости в кухню ведерный самовар. Темным слоном влезала в прихожую

130

исправничиха. Шарила шубейку на стене — в сени надо выйти — во тьме руками натыкалась на Костю.

— Тьфу-тьфу-тьфу! Сгинь, окаянный, сгинь! Да это ты! Ух, провались ты совсем... Ну иди ж, иди, Фирочка чай отпила.

Костя светлел и лез наверх, в Глафирину светелку.

— Ну? — говорила Глафира сердито, сидя перед зеркалом, к Косте спиной.

Недавно Глафира открыла: стала у ней борода расти, может, только ей одной и заметные золотые волоски. Плохой это знак: немножко еще, может год, может месяц — и начнут вянуть груди, вся начнет осыпаться, и никогда не узнает того, что знала счастливая кошка Милка.

С сердцем Глафира выстригала по одному волоску, а Костя тачал — от сих и до сих. Все уроки он знал назубок, зубрил день и ночь — только чтоб она кивнула головой: хорошо, мол.

И все же один раз было: Костя не мог ответить урока, стоял, как немырь, с покорной улыбкой. В тот раз Глафира торопилась в гости. В одном лифе, сидя перед зеркалом, закладывала старинную прическу: венком на голове — круг русой косы. Держала шпильки в зубах — с сердцем проговорила сквозь шпильки:

— Вше равно, шкажите, пушть идет, отвечает. А то некогда будет.

Костя вошел — и свету невзвидел. Зажмурил глаза и тотчас же не стерпел — открыл. Опять: кружева и розово-нежное что-то, такое, что... Сердце зазябло у Кости, заныло, забыл все слова.

— Некогда тут, а он как...— оглянулась Глафира, хотела прикрикнуть и — рассмеялась. Поняла.

— Подержите мне, Костя, зеркало. Так. А теперь вот сюда. Так. Ну, спасибо, довольно. Довольно же, ну?

Зеркало ходуном ходило. Костя молчал, а рот был растворен все той же, его покорной от века, улыбкой.

Назначили Косте экзамен наране Успенья. Жарынь стояла. Мух развелось невесть сколько. Старушку одну — не владела она руками — так изжиляли, что ума решилась старушка.

Трудно было заниматься Косте. Весь иссиделся — как вот, бывает, иссидится наседка: выйдет из лукошка — и шагу ступить не может. Веснушками Костя зацвел, голова стала еще больше, обрезался озябший носик.

— Что, молодой человек, похудал? Какая такая заела болезнь? — увидал как-то Костю исправник.

— Эк-экзамен,— покорно улыбнулся Костя.

131

— Э-э, вот оно что! Ну не робей: я сам с почтмейстером потолкую...

Поехал Иван Макарыч к почтмейстеру. Почтмейстер — старикан трухлявый. К новому году выходит в отставку. Из носу сыплет табак — на бумаги, на письма; все уж кличет уменьшительно: очечки, телеграммочка, книжечка разносненькая. Такого Ивану Макарычу улестить — велико ли дело? И улестил.

Скор и милостив был Косте экзамен. И часу не прошло — вышел Костя светел, что новенький месяц. Вернулся домой — в фуражке с желтым кантом, в новой форменной тужурке.

Увидала Потифорна чиновником Костю — в голос как взвоет да в землю — кувырь:

— Сергей Радонеж... угодники вы мои-и! Да разразите же вы меня-а! Чем я вам теперь отплачу-то за Коську?

3

КНЯЗЬ

Бывает, что хозяйка слишком любезная — в стакан чаю набутит сахару кусков этак пять: инда поперхнешься от сладости. Так вот и дворянин Иван Павлыч: лицо имел приятное, очень приятное, приятности — все пять кусков. Ходил Иван Павлыч в верблюжьей рыжей поддевке, в сапогах высоких, при часах французского золота с толстой цепочкой. И как Иван Павлыч первым всегда все знал, то принимали его алатырцы именитые очень охотно: тем и кормился.

Теперь проживал Иван Павлыч временно (третий месяц) у отца Петра, протопопа соборного. Очень полюбил протопоп Ивана Павлыча. Каждый день после обеда садились они на диван, именуемый Чермное Море.

— Ну, Иван Павлыч, давай, брат, опять поговорим отвлеченно.

Отвлеченно — про дьявола, стало быть. По этой части протопоп был мастак. Будучи в академии еще, составил книгу: "О житии и пропитании диаволов". Ту книгу Иван Павлыч усердно прочитал.

— ...А по мне, ваше преподобие, самые благочестивые —

болотные черти, потому — семейно живут, не-блудно и в муках рожают детей,— заведет Иван Павлыч умильно.

— А-а-а, это хохлики называемые? — обрадуется протопоп, глаза заблестят.— Шу-устрые этакие, знаю, у-ух!..— И видимо, знает досконально: даже покажет, какого хохлики росту. И пойдет, и пойдет про хохликов: Ивану Павлычу — только слушай.

Нынче Иван Павлыч огорчил протопопа: поговорить отвлеченно не захотел, вот приспичило ему тотчас после обеда к исправнику бежать по какой-то экстренной надобности.

— Ну, что еще за экстра такая? — поглядел сердито исправник: занимался он в кабинете изобретениями — оторвал его Иван Павлыч.

Дворянин Иван Павлыч в руке держал книжку, вроде паспортной, что ли. Нагнулся к исправникову уху

— Почтмейстер-то новый... в агарковских номерах.

— Э-е, ну тебя! Это я вчера еще знал.

— Да нет, Иван Макарыч, я не про то. Прописался почтмейстер-то — и представьте... Да что там, вот сами поглядите.

Взял паспорт исправник — обмер: почтмейстер-то новый... князь. Форменный! Князь Вадбольский, женат, разведен, и княгиня проживает в городе Сапожке, при отце своем протоиерее... Хотел исправник спросить что-то, не то про паспорт, откуда Князев паспорт достал Иван Павлыч, не то еще что — и не мог от страху.

Ухмыльнулся Иван Павлыч предовольно — и от исправника дальше погнал резвым игрень-конем. Через час все в Алатыре знали про князя-почтмейстера. Вышло волнение великое. Ночь мало кто спал.

"Ежели наш князь разведен и в сам-деле, то ведь... Марьюшка-то наша"...— такие тут вершины мысленные отверзались, что куда уж там спать.

Наутро у почты — длинный черед: вдруг всем загорелось марки покупать. Пронзенный десятками девьих взоров — князь шелохнуться боялся. Шелестел шепот, вился около князя:

— Вид-то благородный какой! Печать-то прикладывает как, а?

— Нет, ты глянь: подбородок-то...

А и верно: в подбородке — вся соль. Так — лицо как лицо. Скуластое, желтое, с зализами лоб, но подбородок...

Очень, конечно, странно — но подбородка у князя нет и в завете: губы, усы, а потом прямо — юрк под галстук, как будто оно так и надо. И давало это князю вид какой-то прищуренный, даже, сказать бы, коварный.

Мясоедом прошел слух: по утрам стал являться князь на базаре с кошелкой. Будто вот просто как все, ходил с кошелкой вокруг капустных вилков, веников из Мурома, наваги мороженой. Нет, тут что-то не так...

— Ходил-то, ходил. Нет, а ты вот скажи, что он купил на базаре? — добивался исправник.

— Гм, купил? Как будто ничего не купил.

— Вот то-то и оно: ничего...— Исправник торжествовал.— Не затем он и ходил, не покупать ходил, а слушать, да. Слушать, понял?

Слушать? Нет, видно, недаром у князя подбородок такой...

Опять без свадеб кончился мясоед. Колеи зажелтелись, затлели. Надсаживалось воронье по заборам, теплынь выкликало. Звонила капель. Пожаловала честная масленица в Алатырь.

У исправничихи — полон рот хлопот: завтра князь-почтмейстер к исправнику зван на блины, князя умеючи надо принять. С чем-то князья блины кушают? Неуж, как и мы, грешные, с маслом с топленым, с яйцом, со сметаной, с припекой, с снетком? Нет уж, для верности — надо бы сведущих людей спросить.

— Вот что, Иван Макарыч. Ступай-ка ты к Родивону Родивонычу сейчас и все у него прознай, он человек ведь придворный. Да зови его на блины: разговаривать-то князя кто будет? Да вертайся скорей... а то — знаешь?

Исправнику хуже этой горькой редьки — ехать к Родивону Родивонычу. С того самого года, как получил Родивон Родивоныч портрет и собственноручное письмо — зазнался так, что житья с ним нет. И все ладит — в соборе чтоб раньше исправника к кресту подскочить. Этакой ведь фуфырь!

Смахивал Родивон Родивоныч на старого кочета, и сноровка такая же: все наскакивал.

— Сме-та-на? — на исправника так и наскочил, даже попятился Иван Макарыч.— Про сметану и думать не могите. Фидон¹: сметана. Исключительно: зернистая икра. А на ужин: бульон, свинья-соус-пикан... и вообще все легкое и французское.

Блины были в четверг. Из гостей был только князь да еще Родивон Родивоныч, инспектор. А то все свои. Константин

¹ От фр. Fi donc.

Захарыч-то? Костя-то? Ну-у, он за гостя нейдет: каждый день шляется — какой уж там гость.

Костя сидел на самом конце стола, где стояли запасные тарелки. Выйдет блин неудачлив — с дырой, пузырем, без румянца — сейчас его Глафира сунет Косте:

— Ешьте, ну? Живо...

Костя брал, чуть касался ее руки, проколотый сладкой болью — хоронился в тарелку, без счету, всухомятку глотал блины...

Исправник — сидел рядом с князем, погибал: надо было ему с князем разговор начать — и хоть бы одно проклятое навернулось слово! Всех высоких лиц исправник робел, а этот еще и какой-то прищуренный.

Молчал и князь. Все почтительно глядели на особенный его подбородок — и никто не видел растерянных Князевых глаз.

...Князь глазами набрел, наконец, на исправников серебряный погон — и пальцем ткнул радостно.

— А-а у меня вот тоже...

— Ага, да-да-да, так, так,— закивал, засиял исправник.

— ...у брата, то есть. Брат в Москве приставом, четыре тыщи в год, без доходов. Пауза. Исправник тонул.

— Кстати: я вот, знаете, изобрел из голубиного...— начал — и сейчас же осекся Иван Макарыч, поймав грозный исправничихин взгляд.

— Лучше уж, батюшка, ты — Родивон Родивоныч, князю расскажи, как получил письмо-то собственноручное.

Родивон Родивоныч — хозяйке поклонился придворно.

— Да, собственно, не стоит... Был я на выставке нижегородской. Как человек культурный... Проезд ведь от нас — два рубли двадцать. Хожу, значит, все очень прекрасно, одним словом, ком са[2]. Вдруг — генерал. Косу взяли поглядеть — и по пальчику: чик. Ну, значит, кровь. А я — человек в дороге запасливый, ваше си-яссь... Вынул из кармана: не угодно ли, генерал, коллодию? А генерал-то был не простой, а можно сказать — вы-со-кая особа! Да вот, ваше сиясь, письмо-то оказалось при мне слу... случайно...

Прищуренно князь читал... Глядела на него Глафира — никак понять не могла: да что же, да что же в этом лице знакомое — да нет, не знакомое даже, а вот такое...

С восьми часов вечера начался съезд: везли дочерей — танцевать с князем-почтмейстером. Какой-то попуганой

_____

[2] От фр. comme ça.

135

зверушкой шмыгнул в уголок отец Петр, протопоп: мохнатенький, маленький, как домовой. За отцом, в шелковом черном, гордо прошла Варвара-протопоповна. Торчали черно-синие космы: прибирать волос не умела — глядела Варвара ведьмой. Обнявшись, загуляли по залу восемь штук Родивон-Родивонычевых. Сел за рояль дворянин Иван Павлыч — все в той же верблюжьей рыжей поддевке. Заиграл — и зацвела, завертелась вся зала.

Князь один стоял у печки, немножко боком. И на белом кафеле было так четко лицо, коварное, без подбородка, нос с чуть заметной горбинкой...

— Горбоносый! — чуть не крикнула вслух Глафира. Бросилась к князю. Тяжело дыша, крепко стиснула Князеву руку — будто после долгой разлуки встретились наконец.

Глафира танцевала с князем, блаженно закрыла глаза. На стульях у стен девья орава — завидущая — шелестела, шептала. Ласково-зло улыбалась Варвара-протопоповна.

— Князь,— наскакивал Родивон Родивоныч, как кочет,— с вами хотят быть знакомы... мои, вот... восемь,— конфузливо кончал он, очень стеснялся восьми: человек он почти что придворный, и вдруг — восемь!

Падал князь, огорошенный градом девьих имен, и к одной — счастливице — наклонялся:

— Угодно вам вальс?

Танцуя, князь наступил на хвост своей даме. Пришлось выйти из круга — как раз это случилось у рояля, и вострым своим ухом услыхал Иван Павлыч конец разговора:

— ...Одеколоны — вот это я очень уважаю. Цикламен вот, и еще... как бишь? Корило... корилоспис,— с трудом вспомнил князь.

К ужину все доподлинно было известно: что князь — развратник, у него — одеколоны, и вообще — человек он темный.

— По-ми-луй-те? Гонял с девками целый вечер... что-о ж это? — с попреком качались седые букли. Зато — девицы в восторге:

— Семь одеколонов, и на всякий день — свой... Уж видать: настоящий декадент (произносится: дъкадънт).

За ужином, после свиньи-соус-пикан, исправник выпил сантуринского, посмелел и, твердо глядя князю в глаза, произнес, наконец:

— Кстати — я изобрел отменно дешевый способ производить хлеб...

Князь задумчиво поглядел на Ивана Макарыча.

— Но что все изобретения для народов, покуда не будет у них общего языка?

Сказано это было раздельно и твердо. Все разинули рты: языка-а? Ка-ак? И окончательно утвердилась таинственность князя.

За ужином рядом с Глафирой — сидела Варвара. Обнимала Глафиру за талию, ласково-злыми глазами глядела, медовые речи вела.

А когда у себя в светелке Глафира стала раздеваться на ночь — на кисейном платье увидала сзади дыру: выхвачен ножницами изрядный косяк. Сразу смекнула Глафира кто. Сердце зашлось от злости на Варвару. Может, оттого и заснуть никак не могла.

Встала. Приложила к стеклу к холодному лоб. Напротив, через площадь, в агарковских номерах, в окне теплел огонек. Схватила бинокль, прильнула — и вся заколыхалась под тонким мадаполамом, как рожь от ветра: у стола, раздетый, сидел князь, писал. Но что же, что? Ночью, в три часа... Наверное, завтра придет из номеров половой...

Князь писал письмо в город Сапожок. В правом углу на бумаге была вытеснена коронка.

"Милая Лена. У меня от подъемных еще остался 21 ру. Не надо ли тебе? Потому что здесь — жизнь очень простая, яйца лутшие — 18 копеек, я скучаю и мне денег не надо. Кланяйся Васи, я сердца на него не имею, лишь бы ты была счаслива".

4

МОЛИТВЫ

Костя за ужином не был. Исправничиха ему сказала:

— Константин Захарыч, ты у нас свой человек... Не прогневайся уж, стульев нехватка.

На нет — нет и суда. Костя не обиделся. Жалко только было отрываться от Глафиры: нынче Глафира — в белом платье — была совсем замечательная, прямо вот... божеская. Ну, тоже и князь, еще бы на него поглядеть.

Каждое мание князя — нравилось Косте, каждое слово его ловил. А когда услышал про одеколоны его — тут Костя уж совсем восторгнулся, закипели стихи в голове.

Пришел Костя домой — первым делом к укладке, вынул тетрадь — и сразу, с присеста, напечатлел:

Наш новый господин почместер,
Замечательный человек.
А по мне раз в десять
Умнее тут всех
И когда мне представлялся,
То мне рукопожал.
Я восхищался
И навек его уважал.

Потифорна ждала Костю с блинами. Мигом сварганила огонь в печке, первый, румяный, блин полила маслом, поставила Косте. Стал было Костя некаться: сыт уж, довольно.

— Господи-батюшка, уж теперь и лопать не хочет у матери у родной. Загордился уж, а? А не я ли тебя, поганца, и в люди-то, в чиновники вывела, а?

Не сговорить с маманей. С покорной улыбкой — Костя снова ел блины, без счету: кипели еще стихи в голове — до счету ли тут было?

А наутро — катался по полу Костя, помирал животом. На почту не пошел: куда уж. И все хуже да хуже.

К прощеному дню — Костя обрезался, совсем посинел. Потифорна на своем веку покойников без числа поглядела, глаз наметался. С базара пришла, увидала Костю такого — как взвоет. Да скорей за отцом Петром: хоть бы христианской кончиной-то помер Коська.

Пока Потифорна ходила — Костя лежал один. Умирало сердце. В окно — бабочкой нежной билась заря. Где-то звонили, над завалящим проулком колокол плыл — печальный, как лебедь. В какую-то секунду Костя понял, что конец и что надо — нужнее жизни — увидеть Глафиру и сказать ей все.

Потифорна вернулась одна, отца Петра не застала дома. И тотчас строгим шепотом Костя велел мамане сбегать к исправнику и позвать Глафиру.

Пошла Потифорна, как не пойти. Пошла, хоть и кропталась, утирая слезы: нет бы за доктором или за попом, а он за вертихвосткой за этой посылает!

И когда возле себя увидел Костя ее — Глафиру, единую, божескую,— сдвинулся в нем какой-то столетний камень, и забил из-под камня из самой глуби хрустальный ключ: всего напоил, утишил, исполнил. Тихонько взял Костя Глафирину сладкую руку:

— Теперь... я должен сказать... Помираю, блинов объелся. И теперь вот... Нет, не могу я про это сказать словесно!

От жалости вся сморщившись, Глафира сказала:

— Ну, что вы, Костя, зачем? Вы ведь знаете, что я вас тоже... зачем говорить...

Костя улыбнулся прозрачно-покорно: теперь — хорошо помереть. Туман... Туманом заволокло Глафиру, последней ушла она от Кости. Конец, тихо все, сладко — и если б только маманя не брызгала в лицо водой... Но Потифорна все брызгала: Костя открыл глаза еще раз...

Так бы, может, Костя и помер, да втесался тут отец Петр — с баклановкой со своей: баклановка у него была — ото всех болезней помога. В баклановке первое — конечно, водка, всем лекарствам мать; а в водку — красный сургуч толченый положен, да корень-калган, да перцу индейского красного же, да еще кой-чего, что берег в секрете отец Петр.

С баклановки ли с этой огневой или просто с радости великой — стал Костя живеть помалу. На Крестопоклонной встал с постели: еще ветром качало, зеленый, длинный — скворешня живая; Костин озябший носик — усох, стал еще меньше, еще жалостней.

Потифорна первым делом Костю поперла к отцу Петру, благодарить за баклановку.

— Ну-ну-ну, чего еще там,— замахал отец Петр на Костю.— Поговей постом — вот и все. Ну-ну, иди с Богом.

Протопоп сидел в углу — усталый, после обедни постовской; мохнатенький, темный — в угол забился. Несть числа у него в соборе говельщиков было. Кликали колокола целый день, шел тучей народ. С любострастием вспоминали все мелочи куриных грехов; медленный, мешкотный шепот в уши лез без конца.

Уходил протопоп из собора — будто медом обмазан и вывалян весь в пуху: мешает, пристало по всему телу. Одно только спасенье было: придя домой — выпить рюмку баклановки.

Перво-наперво после той рюмки — пойдет тончайший туманец в глазах, и все денное, налипшее, гинет. Тихо — не спугнуть бы — пригнувшись, сидит отец Петр. А протрет глаза — и уж ясно видит, настояще, яснее в сто крат, чем днем.

Тотчас за окном — веселая козья морда кивает:

— Здравствуй.

— Ну, здравствуй, ишь ты нынче какой!

139

В таком виде — любит их отец Петр. Вот если они принимают человечий зрак — нашей одежи не любят они, больше все голяшом — ну, тогда уж...

Приятную беседу с козьей мордой ведет отец Петр, пока не заслышит: Варвара идет. Тот — дирака, конечно: в одноножку, в прискочку, как малые ребята бегают. И видно отцу Петру: тряско подскакивает левое его плечо на бегу.

А голова у протопопа работает ясно-преясно:

— Не от рюмки же это, всякому видно: дело не в рюмке.

Когда подходила Варвара — глаз не открывая спрашивал протопоп:

— Это ты, Собачея? — и явственно видел у Варвары зубы — злые, собачьи, черно-синюю шерсть.

— Что же мне с тобою делать? Опять ты? — кричала Собачея злая, кусала отца Петра: в руки, преимущественно, и в ляжки.

Наутро, за чаем, заплаканная — говорила:

— Какая я тебе Собачея? Ты что на меня возводишь?

Засучивал рукав отец Петр и показывал на руке:

— А это, а это — что?

И глядит — не глядит Варвара, заладила свое:

— Знать ничего не хочу, к доктору надо тебя.

— К доктору, хм... Нет, тут доктор не сведущ.

В Великий Четверг — Варвара в лотке купалась на кухне, Иван Павлыч по городу шлындал, отец Петр сидел один.

И опять — тот же самый пришел, коземордыи, и никто уже не мешал: всласть наговорился отец Петр. Очень интересные вещи рассказал коземордыи, и между прочим, что у них уж начинает распространяться истинная вера и уж он, коземордыи, по истинной вере пошел.

Так протопоп обрадовался — просто нету и слов. Вечером, на стоянии, между евангелий, все думал протопоп:

"Ну, слава Богу, истинная вера пошла и там. А то жалко их было — беда..." — радостно бил протопоп поклоны за истинную веру.

И еще одна в соборе курилась к Богу радостная молитва: Кости Едыткина. Благодарил он за все огулом: и за то, что сподобился он таланта — стихи писать; и за чин четырнадцатого класса; и самое главное — за то, что он стоял сейчас рядом с Глафирой.

В соборе свет, свечи у всех. Протопоп вычитывает Страсти не спеша, истово. Костя в новой тужурке, сердце полно. Глаза опустив, сладко видеть Глафирину милую руку; наклеивать, как

140

и она, метинки на свече — Евангельям счет; уколоться украдкой о теплый локоть...

От стояния несли домой четверговый огонь. Людей в теми не видать — только огоньки текут. Вот уж в заречье — свернули в проулки — загасли. Тихо.

Костя прикрывал свечу фуражкой. На росстани трех переулков взглянул на Глафиру, все забыл, забыл про свечу — и задуло ветром огонь.

Попросил огня у Глафиры. Дрожали руки, долго не мог попасть. И когда, наконец, зажег — сладко сжалось сердце у Кости: предвещаньем каким-то, навек нерушимым, было соединение их свечей. И огненному знаку так крепко поверил Костя, что, нагнувшись к Глафире, спросил:

— А когда же... свадьба?

Раздумчиво поглядела Глафира куда-то мимо Кости, ничего не сказала.

5

ВЕЛИКИЙ ЯЗЫК

Дворянин Иван Павлыч — стал у князя доверенным человеком: от Ивана Павлыча и пошел тот слух, что на Пасхе объявит князь свою тайну и всех пригласит.

— Да к чему пригласит-то?

— А вот, погодите маленько, все объяснится,— с ехидной приятностью отвечал Иван Павлыч.

Еле дождались Пасхи. День выпал на славу. С утра сусальным золотом солнце покрыло Алатырь — стал город — как престольный образ. Красный трезвон бренчал серебром весь день. Веселая зелень трав расстелила сукно торжественной встречи. И напротив самых присутственных мест — топтала сукно свинья.

Князь с визитами ездил задумчив: хорошо бы и правда — в такой день святое дело начать... Но все разговелись усердно, везде на столах травнички, декокты, наливки, настойки; где уж там серьезный разговор завести?

Последняя у князя надежда была — на отца Петра: отец Петр способен — от мира сего вознестись к возвышенному. Несомненно, способен: человека по глазам — сейчас видно.

141

Так рассуждал князь, подкатывая на линейке к отцу протопопу. Откуда ни возьмись — свинья. Хрюкнула зло на лошадь, лошадь — шарахнулась, ляскнул зубами князь, еле усидел. Вошел к протопопу расстроенный.

— Отец по приходу ходит,— вышла к князю Варвара. Повертела лампу в руках, но не зажгла почему-то.

Только тут князь приметил: а пожалуй, ведь поздно. За окном взошел месяц, ущербленный, тусменный, узкий. И таким увиделось небо жутко-пустым, таким замокшим навек, что схватило горло, хоть вой...

Молчать было жутко. Насильно улыбнул себя князь:

— Я, знаете, к вам на живейном ехал. А на лошадь — свинья кэ-эк хрюкнет... Свиньи у вас борзые какие!

Варвара молчала, глядела в окно на месяц.

— И все у вас какие-то заборы, пустоши, пустоши, собаки воют...

Варвара прикрыла лицо руками и странно сползла со стула на пол. Князь испуганно встал.

— Не уходите... Нет! Нет! — закричала, забилась Варвара.

Такие у ней были глаза, такая жалость заныла в князе, что не было сил уйти. Сел снова на стул.

— Вот, скоро надеюсь... Начнем общеполезную работу...— забормотал князь, отвернулся: стеснялся глядеть на Варвару, такие у ней глаза...

Показалось, что-то трется у ног — протопопов пес — как же он с двора... Глянул, а у ног на полу — Собачея-Варвара. Ласково скалила собачьи зубы, глазами молила: "Ну, если не хочешь, ты хоть ударь — хоть ударь", терлась о ноги...

Охнул князь, отпихнулся, выскочил без шапки на площадь. Припустился бежать. Да нет, тут что-то не так... Оглянулся: в Протопоповых окнах темно. Но в одном темном — или это кажется только? — в темном мечется белое как мел лицо...

Красная Горка — свадебный день, а в Алатыре не слыхать ни свадебных бубенцов, ни веселопечальных пропойных песен.

— Нет женихов, и все тут...— жалобился князю исправник, сдавая заказное письмо.

— А вы бы их... тово... поощрили властью, от Бога данной.

— Я бы рад, да не знаю, как. А то бы... вас первого поощрил,— вдруг, насмелевши, брякнул исправник.

— Что ж, я... я жениться не прочь,— сконфузился припертый к стене князь.

Мимоходный этот разговор, конечно, стал известен всему городу; вновь воспрянули надежды на князя. И когда в пятницу на Фоминой получены были письма от князя с приглашением

142

собраться на почте к восьми по самонужнейшему делу, так все валом и повалили: весь именитый Алатырь собрался.

— Господа! По Евангелию...— у князя дрогнул голос,— несть ни эллин, ни иудей, ни кто там. Все — одно стадо. А что же мы, господа?

Князь строго поглядел на всех. Кто-то сокрушенно вздохнул.

— В стаде — разве по-разному блеют? А мы — кто по-каковскому, всяк по-своему. Отсюда и война, и всякая такая дрянь, а ежели бы как стадо... На одном на великом языке эсперанте весь мир — то настала бы жизнь прекрасная и всеобщая любовь... До последнего окончания мира...

— Господа, а мы-то... Мы давно подумывали, богадельню или бы что. И вдруг — прямо то есть в самую точку...— Растроганный исправник полез целоваться к князю.

А за ним и все зашумели, затеснились к князю, умильно зарились на него, как коты на сметану, с любострастней лобызали небритую Князеву щеку.

Оказался у князя полнехонек лист подписей. Больше всего тут было девьих имен. Но отрадно, что обнаружилась жажда знаний и во многих почтенных, немолодых уже людях: записался исправник, Родивон Родивоныч, Левин — аптекарь, отец Петр — протопоп, дворянин Иван Павлыч. Князь был донельзя доволен.

Никогда еще в Алатыре не было такого страдного лета. Бывало, румяным летним вечером всяк прохлаждался по угожеству своему. Кто подородней — в чем мать родила попивал квас в садике под яблонькой; кто поприлежней — сидел над синим омутом, выуживая склизких линей; кто посмирней пред супругой — исправника взять — на крылечке исправник чистил вишню-владимирку для варенья.

А уж нынче каюк житью прохладному. Как отзвонит в соборе восемь часов, тут какая погода ни будь, соловьи от натуги хоть тресни, а надо идти к князю на учебу. И только в Алатыре трое дурных — в охотку бегут учиться: Костя Едыткин, Глафира исправникова да Варвара-протопоповна.

Костя являлся на уроки неизменно первым. Ревниво стерег он свое сладкое место — рядом с Глафирой. Приносил Глафирины тетрадки, клал их от себя по правую руку, садился и долго ожидал в тихой теми.

"Глафира — супруга моей жизни, это уж нерушимо. А после ней первый человек — господин почместер, в связи его международного языка. Ежели стихи пропечатать на

143

международном языке, так это уж будут знать во всем мире..." Хорошо — в теми помечтать!

К девяти полыхают все лампы, к девяти — многолюдна почта, больше всего барышень. Шушуканье, шелест шелковых лент, миганье тайных зеркальцев, зависть змеиная к этим бесовкам — к Глафире да к Варваре: всегда назубок все знают, так и чеканят.

— Полюбили, некстати больно, науку...

— Зна-аем мы науку эту самую, зна-аем! Родивон Родивоныч ходил печальный, жаловался:

— Жизнь-то на старости лет какие преподносит нюансы... из трех пальцев... Сиди вот с тетрадкой. А главное при моем почти что придворном звании... Не-ет, я брошу!

А бросить — с князем рассор навек, прощай все надежды. Нет уж, видно, единородных своих ради придется терпеть.

И крепились, терпели отцы. Кряхтя, косоурясь на князя, ладили все примоститься поближе к Глафире либо к Варваре.

— Leono esta forta. La denta esta acra...— расхаживая, громогласно диктовал князь и нарочно крал окончания слов: пусть поупражняются... Счастливым светом сиял его странный, бесподбородочный лик: князь святое дело творил, князь сейчас был первосвященником. Вот еще немножко, лет десяток-другой, и наступит всеобщая любовь.

Проходя мимо Ивана Павлыча, князь приметил: "Какой у него хороший, внимательный взгляд..." Внимательным взглядом проводил Иван Павлыч князя, тотчас пристал и запустил глазенапы в тетрадку к Глафире — Глафира впереди сидит.

— Esta — эс на конце, acra — эс на конце — шептал Иван Павлыч исправнику.

— Да не слышу же, ч-черт! Громче...— кипятился исправник

Но князь уж повернулся — и вмиг все гладко и тихо, исправник — над своей тетрадкой; как урытый — сидит Иван Павлыч, с приятностью на лице...

6

ЕПАРХИЯ ЗЕЛЕНЕНЬКАЯ

В родительскую субботу — Мишка, бывший столяр, а нынче просто алахарь, бегал по городу с клейстером и клеил афиши на фонарных столбах, на бесконечных заборах. Посреди афиши били в глаза крупные буквы:

А ТАКЖЕ
ИЗВЕСТНЫЕ АНГЛИЧАНКИ
СЕСТРЫ ГРЪЙ

Из губернии приехали — показывать туманные картины. Укланяли князя: отменил князь урок всемирного языка, и всем карагодом повалили глядеть эти самые туманные картины.

Как-то случилось — оттерли Костю в проходе, и не спопашился он занять себе местечко рядом с Глафирой: с нею сел князь, а Костя — позади. Рядом с ним оказался дворянин Иван Павлыч.

Хотел Костя загорюниться, что Глафира — не с ним, да не успел: вылезли на полотне, завертелись, зажили, залюбили полотняные люди.

...Неслышно, как кошка, красавица крадется на свиданье к маркизу. Сейчас вот, сейчас, ступит на секретную плиту, сейчас — ухнет плита, глонет красавицу подземелье.

Костя вскочил — может быть, чтобы крикнуть красавице про плиту.

Иван Павлыч осадил Костю вниз за рукав. Но это все равно: красавица видела, как махнул ей Костя рукой, миновала проклятое место.

...И вот — вдвоем. Долго ей смотрит в глаза — маркиз, или князь он? — и они медленно клонятся друг к другу, вот — близко, вот — волосы их смешались.

Вдруг Косте показалось, что вовсе это не на полотне, а Глафира и князь: клонятся, клонятся, прижались щекой к щеке...

Мрет сердце у Кости, протирает глаза: приглазилось только, или...

Но мигнувший миг — уже не поймать: ярко загорелись лампы, ждет новых людей полотно, Иван Павлыч смеется:

— Хи-хи, чудород-то какой наш Костя: красавицу

полотняную увидал — и вскочил. Побеседовать, что ли, с нею хотел?

— Да ведь он же — поэт, поэту — все можно,— заступилась Глафира, она стояла обок князя, очень близко.

"Конечно, попритчилось, приглазилось все..." — решил Костя по дороге домой. Но червячок какой-то самомалейший — не слушался слов, точил и точил...

В ночь на Покров пошел шапками снег. Выбежал Костя утром — нет ничего: ни постылого проулка с кучами золы, ни кривобокой ихней избы. Все белое, милое, тихое — и какая-то нынче начнется новая жизнь. Не может же быть, чтобы стало так — и чтобы все по-прежнему было?

На Покров Костя обедал у исправника. После обеда сидели в гостиной. Дворянин Иван Павлыч — что-то пошушукался с Глафирой, взмахнул рыжей поддевкой — и подсел к Косте. Разговор повел с приятностью, тонко.

— Вязь-то какая прекрасная, а? Прямо талант, дар Божий...— Иван Павлыч любовался вязаной салфеткой.— А-а... вы, говорят, тоже... тово... пишете? — повернулся он к Косте.

— А вы — откуда же... откуда же вам известно? — покраснел от радости Костя.

— Как откуда? Про вас в журналах пишут, а вы и не знаете...— и протянул Иван Павлыч Косте свежий номерок Епархиальных Ведомостей.

В самом конце, после "печатать разрешается", были три неровные строчки: "Что же касается стихотворений молодого писателя Едыткина, то таковые мы считаем отнести к высшей литературе".

Хотел что-то сказать Костя, но схватило за горло: стоял совершенно убитый счастьем. Где же Косте узнать, что напечатаны эти три строчки в типографии купца Агаркова по личной Ивана Павлыча просьбе?

Ночью Костя — и спал, и не спал. Глаза закроет — и сейчас же ему видится: будто он над епархией все летает, а епархия — зелененькая и так, невеличка, вроде, сказать бы, выгона. И машут ему платочками снизу: знают все, что летает Константин Едыткин.

Ну, теперь уж, хочешь — не хочешь, надо писать. Предварительно Костя перечел еще раз Догматическое Богословие — самую любимую свою книгу, потому что все было там непонятно, возвышенно. А потом уже засел писать серьезные сочинения в десяти главах: довольно стихами-то баловаться.

Писал по ночам. Потифорна самосильно посвистывала

146

носом во сне. Усачи тараканы звонко шлепались об пол. В тишине — металась, трещала свеча. В тишине — свечой негоримо-горючей Костя горел. Писал о служении женщинам; о любви вне пределов, вне чисел земных; о восьмом вселенском соборе, где возглашен будет символ новой веры: ведь Бог-то, оказывается,— женского рода... Так близко сверкали слова, кажется,— только бери, ан глядь — на бумаге-то злое, другое: уж такая мука, такая мука!

В вечер Михайлова дня — Костя публично читал свое сочинение в гостиной у исправника. Бледный, как месяц на ущербе, покорно улыбнутый навеки, стоял — трепетала тетрадка в руках. Поглядел еще раз молитвенно на Глафиру...

— Ну, господа, тише, тише, сейчас начинает,— суетился Иван Павлыч, как бес.

В тишине, чуть слышно прочел Костя:

— Заглавие: "Внутренний женский догмат божества".

Неслышно-взволнованно горели лампы. Чужим голосом читал Костя. Публика глядела в землю, и не понять было, нравится ей Костино сочинение или нет.

Костя дошел до второй главы, самой лучшей и самой возвышенной: о восьмом вселенском соборе. Голосом выше забрал, вдохновился, стал излагать проект всеобщей религиозно-супружеской жизни.

Тут вот и прорвало. Не стерпев, первым фыркнул исправник, за ним — подхватил Иван Павлыч, а уж там покатились и все — и всех пуще звенела Глафира.

Проснулась исправничиха, брыкнула свой стул со страху.

— Да что ж это, батюшки, где загорелось-то? — смех еще пущий.

...Как заяц, забился Костя в запечье, в спальне исправницкой. Голову, голову-то куда-нибудь, главное, спрятать. Голову-то хоть спрятать бы!

Старинным старушечьим сердцем одна исправничиха пожалела, одна разыскала, одна утешала Костю.

— Да что ж это, батюшка, чего ты сбежал-то? Ты думаешь, что? Это ведь я со сна чебурахнулась вниз головой, надо мной грохотали, старухой, а ты думал, что? Экие гордецы нонче все: уж сейчас на свой счет...

Костя поднял голову, Костя хватался за соломинку, глазами молил о чем-то исправничиху.

Услыхала исправничиха, уткнула себе в колени Костину голову:

— Иль мне уж не веришь? Я не Иван Павлыч какой-нибудь, я обманывать не стану.

147

— Я ве-ерю...— захлебнулся Костя слезами.

7

В СЕРЕБРЯНЫЕ ЛЕСА

Вышла зима больно студеная, такой полста лет не бывало. Обманно-радостное, в радужных двух кругах, выплывало льдяное солнце. От стыди от лютой — на-полы треснул древлий алатырь-камень.

— Ну-у, быть беде,— крушились алатырцы.

А пока, до беды, засели покрепче в мурьях, еще пуще предались сновиденной жизни — всякий своей. Исправник изобретал; Родивон Родивоныч — выписал "Готский Альманах" и услаждался; Костя горестно вернулся к стихам; протопоп отец Петр беседовал с своим коземордым; все тем же горбоносым горела Глафира; а князь проповедовал великий язык эсперанто...

Что-то рассохлось, разладилось дело у князя. Все чаще на почту приходили кучера — с усами в сосульках — и вручали князю записки: не могу, мол, быть на уроке по случаю внезапной болезни. Вовсе отстал Родивон Родивоныч, не стерпел — исправник отстал, поредели ряды девиц. Князь понял, что надеяться можно только на двух: на Глафиру — да еще на Варвару. Вот уж эти действительно любят великий язык: так и чеканят, так и тачают друг перед дружкой. Улыбался князь то одной, то другой.

— От-лично, пре-красно...

Глафира и видеть теперь не могла Варвару. А Варвара, черносиневолосая, с ласково-злой улыбкой все лезла к Глафире, все норовила обнять. Не стерпев, однажды Глафира сказала:

— Ты что лезешь? Думаешь, я не знаю, кто мне на масленой платье прочекрыжил? Зна-аю, голубушка, знаю!

— А я, думаешь, не знаю, как ты себе бороду на подбрюдке стрыгешь? Ште, съела?

С той поры — ни слова: конец. И только при встречах, как гуси, зловеще шипели...

После уроков усталый расхаживал князь по почте. Трудно, ох как трудно! Но все-таки на один день ближе к тому

148

празднику, к той светлой Пасхе, когда кликнут все на одном языке, запоют и обымут друг друга и кончится старая жизнь.

На полу — окурки, крошки (ученикам полагался ситный от почтмейстера и чай), шпильки, бумажки Князь рассеянно подымал, разглядывал. Рожи, росчерки. "Кн. Екатерина Вад.". "Катька, ты дура набитая" "А я его все-таки обожаю". Попадались часто записки отца Петра — к соседу его по урокам аптекарю Левину... "А вчерась явился он мне телешом. Это уж пакостно даже глядеть. Не ведомо ли вам какое-либо от искушений медицинское средство?"

Но все это так, пустяки. А вот последнее время — в самом деле, какие-то странные пошли записки. Находил их князь на своем столе, под подушкой, в карманах: Бог их знает — как туда попадали. Чуть-чуть надушены были эти записки и всегда — на великом всемирном языке.

— Mi amas tin, amas, amas — а... а... а...— amas — подряд без конца. Нарочный, изломанный почерк.

Под великим секретом — показал князь Ивану Павлычу, Иван Павлыч кряхтел, и без лупы разглядывал и в лупу:

— Исправникова Глафирка, голову даю на отсечение! Кому же еще по-эсперанту так ловко? А назавтра — новое князю:

— "Милый, милый — я тебе все".

И конец. И молчок. Расхаживал князь, счастливый

— "Милый, будет ночь, темно и все, что велишь"...— и конец, и ни слова.

Кто научил ее так — лукавому знать. Будто вот плясала перед князем, вся в черном. Вдруг откинула кладки — сверкнула на черном розово-нежно, И конец. И снова колышется тяжелый покров, и манит и манит без конца глядеть, не мелькнет ли еще...

Длинным вьюжным вечером смотрел князь в узnoroморозные окна потихоньку бродил меж серебряных деревьев — и все возвращался к одному: к несказанному, к мелькнувшему. Ее — никогда не называл князь: Глафира — как Иван Павлыч, а всегда говорил: она.

Неприметно и плавно, как цветы расцветают, она медленно зрела из исправниковой Глафиры — и вот, в декабре она уже стала жить самолично, сама по себе.

По-прежнему все записки от нее написаны были на эсперанто получи теперь князь от нее хоть слово по-русски — он счел бы это противоестественным, был бы даже оскорблен. Помалу связал ее князь с великим языком воедино

Всякое эсперантское слово теперь вдвойне сладко князю

ведь это — ее слова. В ее синих, глубочайших глазах — пленен весь мир И равно — всем миром владеет язык эсперанто

"...Да что — всем миром всей вселенной. На Венере какой-нибудь, венерические тамошние жители — тоже поди, эсперанто знают. А как же? Обязательно знают"

Так мечталось князю. Так все дальше в серебряные леса уходил князь от скучной правды. Бывшей правде, княгине, проживавшей в Сапожке у отца своего — протоиерея, князь давно уж и писать перестал. Избегал он и Глафиру видеть с глазу на глаз: может, и правда — Глафира пишет записки, но не надо это знать.

Вечера князь просиживал дома, а за полночь — шел гулять. Ночью удобно думать: пустые, просторные, снежные улицы, влекущие огни лампадок в окнах, бродил и бродил

А следом за князем, темной тенью у стен крался Костя. Тенью за князем Костя следил теперь и денно, и нощно надо узнать наверняк, что у него с Глафирой. Хоть самое, хоть самое страшное, да только бы наверно. Без наверного — совсем невтерпеж Глафире, хоть Костя и верит — как же не верить-то. Господи? — но вот Иван Павлыч говорит, что она.

Дворянин Иван Павлыч — добрейшей души человек, но есть за ним грех: медом его не корми, только бы над кем шутку сыграть (над ним самим-то — больно много шутили)

В запрошлом году — Иван Павлыч подъехал к Агаркову-гостинику, к градскому голове: подпали да подпали амбар агарковский старый.

— Во-от, не верит, чудак! — улещал купца Иван Павлыч.— Страховые за амбар огромадные, новый-то амбар возведешь вдвое ширьше...

У Агаркова борода лопатой, а ума не богато: поверил Ивану Павлычу, запалил свой амбар. И самое когда это подпаливать стал, нагрянули тут, раба Божия — под белые ручки да на цугундер. Дорого купцу новый амбар обошелся, куда там — страховые! А уж кто это начальство уведомил — Агарков так и не дознался. Сам Иван Павлыч повинного взялся искать, ну даже и он не нашел.

А то вот еще с чиновником Зюньзей случай был. Смеха для — проказник какой-то подметное письмо настрочил чиновнику Зюньзе: так, мол, и так, жена-то твоя тово... кургузит, а ты, мол, и ухом не ведешь? И назавтра чиновник Зюньзя выволок молодую наружу и при всем честном народе стал ее учить. А народ — как будто был повещен, без числа собрался: уж было потехи!

— ...Да, брат Костюня, Глафирочке твоей нынче аминь! —

150

подзуживал Иван Павлыч, подталдыкивал Костю.— Нынче в четыре часа пополудни — решительное свидание... Чуда-ак, да ведь князь мне записку показывал, как же не знать-то? У алатырь-камня свидание, и оттуда — ау: самокруткой, да к князю на почту, так-то-с вот.

Костя покорно плелся к алатырю-камню. В синих сумерках бродил Костя час и другой. Тихо сыпался снег. Тихо точила тоска. Рассевшийся наполы темный алатырь — вещал беду. Навалился алатырь — сонный медведь — под себя подмял: продыхнуть невозможно.

Никакого свидания, никто не приходил. Поздним вечером Костя, весь замерзший, тащился на почту: там теперь, в боковушке, жил Иван Павлыч.

— Ну что, брат Костюня, никого? Эх, ты, Господи, стало быть, ослышался я: это завтра... Эх, я какой!

— Это вы нарочно все, Иван Павлыч.

— Это я-то нарочно? Я ему по дружбе, а он на-ка: нарочно. Эх, Коська, не знаешь ты, какой я есть, Иван Павлыч...

Ставил Иван Павлыч бутылку на стол. Костя пил. Едучим дымом застилался весь свет, и в дыму возникал светлый лик владычицы, сладкой мучительницы, Глафиры.

Посыпая тетрадку слезами, декламировал Костя:

> В моей груди — мечта стоит,
> А милая Глафира — ко мне презрит

Выпивши, Костя спал как убитый. Но не было покоя и во сне. Просыпался все один и тот же, несуразный и будто ничего не значащий сон: забыл будто Костя, как его зовут, забыл — и весь сказ, и весь страшный сон тут. Но таким стоном охал Костя во сне, что Потифорна принималась его будить. Оно хоть и жалко — будить, но слушать стон — еще жальче.

8

СВЯТОЧНЫЕ ПРОИСШЕСТВИЯ

Господи, да ведь нет ничего проще, как из обыкновенной холстины — приготовить наилучшее непромокаемое сукно.

151

Удивительно даже, как раньше Ивану Макарычу это в голову не пришло: давно бы двести тысяч в банке лежало.

Заперся в кабинете Иван Макарыч и сел записывать, пока не забыл:

"Для сего надо в первую очередь изрубить возможно мелко потребное количество высшего английского сукна. Засим холстину намазать клейким составом, который содержит: во-первых, двенадцать долей именуемого в просторечии сапожного вару..."

Построил Иван Макарыч непромокаемое сукно — и решил оказать всенародно свое великое изобретение. На святках, на третий день, поназвал исправник гостей, позажег в кабинете лампы со всего дому. Кошкарев, околоток, в белых перчатках, высоко напоказ — поднял мешок из исправникова сукна, полный водою. До того удивительно: держалась вода как в хорошем ведре.

...А на пятой, на последней, минуте — сукно-то возми да и промокни, при всем честном народе. Ах ты, сделай одолжение! Глядит на ручьи исправник — будто ручьев никогда не видал, только ватные брюки свои подтягивает.

Гости смолчали, никто — ни смешинки.

— Вода... неподходящая, должно быть. Разная она бывает — вода-то,— с приятностью сказал Иван Павлыч.

Тут уж протопоп отец Петр — не стерпел засмеялся. А ему ведь только начать смеяться, а там и не уймешь: смешливый. Трясется, стоит — весь обсыпан смехом, как хмелем, мохнатенький, маленький — звонит и звонит.

Исправник — инда пополовел. Дверью хлопнул — только его гости и видели.

Вышло это на третий день, а на четвертый продолжались святочные происшествия. На четвертый день — протопоп кончил ходить по приходу. Изусталый вернулся домой. Пообедал изрядно, баклановки рюмочку выпил, разоблачился — и лег отдохнуть.

И часу этак в шестом — произошло: явился он телешом, и был он теперь в женском образе. Вся та поганая баба была, как киноварь, красная и так мерзостно вихлялась, что терпеть было нельзя ни минуты. Отец Петр — подавай Бог ноги: выскочил вон без оглядки, весь в белом, бежал-бежал...

Человека, одетого противозаконно, полицейский поймал возле алатыря-камня. Поймал и тотчас предоставил к начальству.

И как исправник был еще во гневе, то он и потребовал:

— Паспорт имеешь? Ты из каких это будешь вообще?

— Иван Макарыч, Бог с вами, да ведь это же я, это я...

— Я вижу, что я. Якать-то всякий умеет. Ты мне подай вид на жительство!

Кто же с собой вид берет, убегая наваждения дьявольского? Нет уж, видно, придется протопопу ночь ночевать в кутузке.

А в протопоповском доме Варвара накрывала к вечернему чаю. Поставила загнутый на четыре угла пирог — с четырьмя разными начинками; поставила баклановку — в глиняной сулее; поставила кусок мороженых сливок — и пошла протопопа будить. А протопопа — и след простыл: брюки тут, подрясник — тут, а самого — поминай как звали. Побежала Варвара гончей по отцовским следам... Ворвалась к исправничихе, всполыхнула ее своей жалобой, исправничиха покатилась и грозно насела на исправника:

— Да ты что же это такое? С последнего спятил? В кутузку — отца своего духовного, а? Сейчас чтобы лошадь велел запречь и домой отца протопопа доставить... а то — знаешь?

В гостиной, в углу, Варвара ждала резолюции. А к Варваре спиной — у окна закаменела Глафира, будто и не видит Варвары. Но вошедшей исправничихе был явственно слышен зловещий гусиный шип.

Распалилась исправничиха — решила уж заодно вычитать все и Варваре.

— Ты что у меня там с князем ворожишь? Какие такие записки?

— Ваша Глафира пишет — это все говорят — а я виновата?

— А ну-ка мне прямо в глаза, ну-ка, ну?

Но глаза показать Варвара не хотела: неведомо как проюркнула мимо слоновых растопыренных рук, вильнула хвостом — и была такова...

Про записки на великом всемирном языке, которые князь от н е е получал, в самом деле по городу шел слушок, хотя это дело князь держал в строгом секрете, только одному Ивану Павлычу и доверил. А знали — всё, даже и это, что она назначала свидания князю, а князь не ходил.

Не ходил князь. Жалко было князю рушить взлелеянный нежно обман. И знал, что неловко не ходить, знал, что ждала. Но не мог, не мог князь, жалко было пойти.

Под Крещенье — опять получилась записка. Нарочно, чтобы сладко помучиться, князь не распечатывал записку до вечерней звезды. Распечатал — и...

"Я тебя, проклятого, целый час ждала,— на морозе-то, думаешь, сладко? Тоже называется — князь? Ну, если завтра не придешь на то же самое место, вот ей-Богу, уйду — и больше ни писать, ничего. Наплевать, не больно нужен-то, хоть будь ты раскнязь".

И это было уже не на великом всемирном языке, а на грубом, земном. Это уж — не она, она — умерла. Теперь — все равно. Ну что ж, можно и пойти, все равно.

Назначено было: в девять часов утра, на катке. Не спалось, князь вышел задолго. Солнце горело обманным льдяным огнем. Колокола пели холодными голосами.

Приглядевшись получше, почтмейстер приметил: на снегу — как запах — легчайшая алость, смертный румянец зари. Вздохнулось...

В углу на катке — конурка, вроде собачьей: грелка, а также обитель татарина — держателя катка. На лавке возле конурки — в валеных калошах сидела она. Черно-синие космы, собачьи глаза.

— Варвара Петро...— остолбенел князь. "Бежать, бежать..."

Но глаза — такие были глаза у Варвары, так молила: "Ну, хоть ударь, господин мой, хоть ударь..." Не мог князь уйти, разрушенный весь дотла — остался...

В соборе к водосвятию звонили — медленно, мерно. Все готовили — кто кувшинчик, кто чайник — ринуться благочестиво к чану с святой водой. А Костя, бросив свою посуду, во весь дух бежал из собора: только сейчас ему Иван Павлыч сказал всерьез, что на катке — решительное свидание у князя с Глафирой. Не хватало дыханья — хлебал Костя воздух ртом, как рыба. Сейчас — всё — конец...

И вдруг вместо смерти — жизнь: на катке — Варвара. Князь и — Варвара. Варвара, вот кто! А Глафира...

— Прости, прости, богочтимая,— с катка мчался Костя к Глафире...

Оголтело влетел в светелку — и бух на колени:

— Прости, прости, богочтимая!

Глафира перед зеркалом выстригала волосы на подбородке: растут и растут, проклятые. Поглядела косо на Костю, на руки, молитвенно сложенные, на слезинки между веснушек, на озябший, жалостный носик.

— Ну, чего разнюнился-то?

— ...А на катке-то Варвара с князем, вот кто: Варвара... Прости, богочтимая...— блаженно, с закрытыми глазами, Костя стоял на коленях.

Сверкнуло зеркало вдребезги об пол.

— А-а, на катке-е? Да пусти ты с дороги! Ну? Пусти...— Глафира отпихнула Костю и помчалась туда.

Молния ночью жигнет — и все видно ясно: листок на

154

дороге, седой волос в виске, вихор соломы под застрехой. Так вот и Костя сейчас: все до капли увидел...

Потифорна пришла домой с базару, веселая. Базарным дробным говором застрекотала:

— Костюнька-а, происшествие-то нынче какое, слыхал? На катке-то?

Костя лежал на укладке — поднял голову...

— ...Поцапались за князя, ну и бесстыжие, а? Клубком завились, по катку покатились, ну, срамота-а! Варька, Собачёто, в кровь искусала исправникову. Вот он — князь мира-то сего, дьявол-то!

Костю вдруг осенило: князь мира сего, вот оно что ведь. И язык его этот самый... Всех погубил, всех опутал — князь мира.

Утром Костя встал чем свет, прошел на цыпочках мимо мамани, подмигнул ей прехитро — и марш на почту.

На почте еще ни души. Один сторож Ипат — подметал полы. Тот самый Ипат, какого собака-то бешеная укусила. Вылечиться — хоть вылечился Ипат, но по сю пору считался опасен, и рисковала держать его только казна.

Нанес Костя снегу. Ипат заругался. Но Косте было не до Ипата... Сел за свой столик, взял телеграфный бланк — и на нем написал письмо. Слова сумасшедшие скакали, иные были — на языке, ведомом одному Косте. Но все же разобрать было можно: Костя открывал князю, что он, князь — есть диавол, князь мира, и подлежит...

Князь мира вошел. Сел за свой стол, печально-рассеян. Поглядел на пустое Глафирино место. Стал составлять телеграмму в город Сапожок.

Костя молча подал князю свое письмо. И когда князь изумленно перевел на Костю глаза — Костя взял со стола стальную линейку и замахнулся. Князь прикрыл руками голову, положил ее на стол и покорно, не шевелясь, ждал. И так Косте стало жалко его — хоть он и князь мира — и жалко себя, и Глафиру, и весь Алатырь, что выпустил он линейку из рук и завопил смертным голосом:

— Пропали мы! Пропали, пропали...

Громыхнула линейка на пол.

Костю вели в острог — окружили толпой: не вырвался бы, убивец проклятый. Ну, и народ же нынче пошел... а еще чиновник! На князя нашего покусился, а?

Алатырь проснулся, галдел, махал руками. Поднимались на цыпочках — на убивца поглядеть.

— Ты, гляди, Ипат, не упусти! Держи его крепко,— кричали Ипату, бешеному.

— Я крепко и то...— и поглядев исподлобья, Ипат — невзначай будто — сунул Косте пятак: бери, пригодится.

Костя покорно взял пятак, улыбнулся покорно. Но тут же и разжал руку. И пропал Ипатов пятак: затоптали.

ОСТРОВИТЯНЕ

1

ИНОРОДНОЕ ТЕЛО

Викарий Дьюли — был, конечно, тот самый Дьюли, гордость Джесмонда и автор книги "Завет Принудительного Спасения". Расписания, составленные согласно "Завету", были развешаны по стенам библиотеки мистера Дьюли. Расписание часов приема пищи; расписание дней покаяния (два раза в неделю); расписание пользования свежим воздухом; расписание занятий благотворительностью; и, наконец, в числе прочих — одно расписание, из скромности не озаглавленное и специально касавшееся миссис Дьюли, где были выписаны субботы каждой третьей недели.

Первое время, случалось, миссис Дьюли сходила с рельс и пыталась в неположенный день сесть к викарию на колени или заняться благотворительностью в неурочное время. Но всякий раз мистер Дьюли, с ослепительной золотой улыбкой (у него было восемь коронок на зубах) и с присущим ему тактом — объяснял.

— Дорогая моя, это, конечно, пустячное уклонение. Но вы помните главу вторую моего "Завета": жизнь должна стать стройной машиной и с механической неизбежностью вести нас к желанной цели. С механической — понимаете? И если нарушается работа хотя бы маленького колеса... Ну, да вы понимаете...

Миссис Дьюли, конечно, понимала. С книгой, она опять надолго усаживалась у окна. Жила, тосковала между глав романа. Через год в зеркале с удивлением видела новую морщинку у глаз: как, неужели — год? День и другой не могла читать. У окна, в странном ожидании, смотрела на улицу, на вылезающих из красного трамвая людей, на быстрые, распухающие облака. А мистер Дьюли, поглядывая на часы, занимался покаянием, физическим трудом, благотворительностью — и радовался: так стройно и точно работает машина.

К сожалению, ни одна машина не обеспечена от поломки,

если в колеса попадает инородное тело. Так случилось однажды и с машиной викария Дьюли.

Было это в воскресенье, в марте, когда мистер Дьюли возвращался домой после утренней службы в церкви Сент-Инох. Жужжали велосипеды, мистер Дьюли морщился от их назойливых звонков, от слишком светлого солнца, от непозволительного галдежа воробьев.

Мистер Дьюли уже переходил через улицу к своему дому, когда вдруг из-за угла вывернулся красный автомобиль. Викарий остановился, по привычке своей — заложил руки назад и перебирал пальцами, как будто отсчитывал: во-первых, во-вторых, в-третьих. И на "в-третьих" увидел: перед мчащимся красным автомобилем медленно шел субъект. Вероятно, это медленно — было не более полусекунды, но было именно так: медленно шел, и викарий успел запомнить громадные квадратные башмаки, шагающие, как грузовой трактор, медленно и непреложно.

Красный автомобиль крикнул еще раз, квадратные башмаки мелькнули в воздухе очень странно — и автомобиль стал. И тотчас остановилась вся улица. Столпились и вытягивали головы: кровь. Бобби записывал хладнокровно номер автомобиля. Рыжий джентльмен из публики наседал на шофера, кричал и размахивал руками так, что казалось — у него было их, по крайней мере, четыре.

— Несите же в дом! — кричал четверорукий.— Чей это дом? Несите...

Тут только викарий Дьюли очнулся, ответил себе: мой дом, схватился за квадратные башмаки и стал помогать пронести раненого — мимо двери. Но маневр не удался.

— Гелло, мистер Дьюли! — крикнул четверорукий джентльмен.— Ваше преподобие, вы разрешите, конечно, внести его к вам?

Викарий радостно показал четыре золотых зуба:

— Ах, О'Келли, вы? Конечно же — несите. Эти автомобили — это просто ужасно! Вы не знаете — чей?

Но О'Келли уже был где-то внутри, и перед викарием качались квадратные мертвые подошвы любителя прогулок под автомобилями. Викарий шел сзади и с тоской загибал пальцы:

— Завтрак. Две страницы комментариев к "Завету". Полчаса — в парке... Посещение больных...

Все это — погибло. Великая машина викария Дьюли остановилась. В запасной спальне светло-серый ковер закапали

158

кровью, а на кровати, пустовавшей годы, водворилось инородное тело.

Сейчас должен был приехать доктор. Время завтрака — четверть второго — давно уж прошло, и викарий в библиотеке ломал голову над временным расписанием. Если, в самом деле, все передвинуть на три часа, то обед придется в одиннадцать вечера, а посещение больных — в час ночи. Положение было нелепое и безвыходное.

Когда господин викарий занимался в библиотеке, вход туда был, конечно, строжайше воспрещен. И если миссис Дьюли теперь стучала в дверь — вероятно, произошло особенное.

— Понимаете, Эдвард, это же немыслимо...— Щеки у миссис Дьюли горели.— Там доктор, а Кембл не хочет раздеваться, скажите ему вы. Это же просто немыслимо!

— Кто это — Кембл? Этот — наверху? — Викарий треугольно поднял брови.

"Этот наверху" — Кембл — лежал теперь, открывши глаза.

Доктор промыл слипшиеся в крови, светлые волосы. С головой оказалось благополучно, но из горла шла кровь, были какие-то внутренние повреждения, а Кембл упрямо отказывался снять пиджак.

— Послушайте, ведь вы же можете так... Бог знает что. Ведь надо же доктору знать, в чем дело... — Мистер Дьюли с ненавистью глядел на тяжелый, квадратный подбородок Кембла, упрямо мотавший: нет.

— Послушайте, вы же, наконец, в чужом доме, вы заставляете всех нас ждать...— Мистер Дьюли улыбнулся, оскалив золото восьми злых зубов.

Подбородок дергался. Кембл побледнел еще больше:

— Хорошо. Я согласен, если так. Только пусть уйдет эта леди.

Викарий и доктор расстегнули пиджак мистера Кембла. Под пиджаком оказалась крахмальная манишка и затем непосредственно громадное, костлявое тело.

Рубашки — не было. Это невероятно, но именно так: рубашки не было.

— Э? — вопросительно-негодующе поднял брови викарий и взглянул на доктора. Но доктор был занят: осторожно прощупывал правый бок пациента.

Внизу, в гостиной, викарий так и бросился на доктора:

— Ну что же? Ну как он?

— Мм... извиняюсь: неважно... — Доктор застегивал и расстегивал сюртук.— Два ребра, и может быть,— кой-что похуже: извиняюсь. Дня через три выяснится. Надо бы его только не трогать с места.

— Как, не тро... — хотел крикнуть мистер Дьюли, но тотчас же улыбнулся золотой улыбкой: — Бедный молодой человек, бедный, бедный...

Весь вечер мистер Дьюли бродил по комнатам, непристанный, и был полон ощущениями поезда, сошедшего с рельс и валяющегося вверх колесами под насыпью. Миссис Дьюли носилась где-то там со льдом и полотенцами, миссис Дьюли была занята. Опрокинувшийся поезд был предоставлен самому себе.

В половине двенадцатого викарий Дьюли отправился спать — или, может быть, не столько спать, сколько перед сном изложить свои соображения миссис Дьюли. Но кровать миссис Дьюли была еще пуста.

Случилось это в первый раз за десять лет супружеской жизни, и викарий был ошеломлен. Лежал вперив неморгающие, как у рыб, глаза в белую пустоту соседней кровати, создавались в пустоте какие-то формы. Била полночь.

И вышло очень странное: созданная из пустоты миссис Дьюли — отрицательная миссис Дьюли — подействовала на викария так, как никогда не действовала миссис Дьюли телесная. Вот немедленно же, сейчас же, нарушить одно из расписаний — немедленно же видеть и осязать миссис Дьюли...

Викарий приподнялся и позвал — но никто не откликнулся: миссис Дьюли была занята там, у постели больного, может быть — умирающего. Что же можно возразить против исполнения долга милосердия?

Тикали часы. Викарий лежал, аккуратно сложив руки крестообразно на груди, как рекомендовалось в "Завете Спасения" — и старался убедить себя, что спит. Но когда часы пробили два — автор "Завета" услышал самого себя, произносящего что-то совершенно неподходящее по адресу "этих безрубашечников". Впрочем, справедливость требует отметить, что тотчас же автор "Завета" мысленно загнул палец и отметил прискорбное происшествие в графе "Среда, от 9 до 10 вечера", где стояло: покаяние.

2

ПЕНСНЕ

Миссис Дьюли была близорука и ходила в пенсне. Это было пенсне без оправы, из отличных стекол с холодным блеском хрусталя. Пенсне делало миссис Дьюли великолепным экземпляром класса bespectacled women — очкатых женщин — от одного вида которых можно схватить простуду, как от сквозняка. Но, если говорить откровенно, именно этот сквозняк покорил в свое время мистера Дьюли: у него был свой взгляд на вещи.

Как бы то ни было, совершенно достоверно, что пенсне было необходимым и, может быть, основным органом миссис Дьюли. Когда говорили о миссис Дьюли малознакомые (это были, конечно, приезжие), то говорили они так:

— А, миссис Дьюли... которая — пенсне?

Потому что без пенсне нельзя было вообразить миссис Дьюли. И вот, однако же...

В суматохе и анархии, в тот день, когда в дом викария вторглось инородное тело — в тот исторический день миссис Дьюли потеряла пенсне. И теперь она была неузнаваема: пенсне было скорлупой, скорлупа свалилась — и около прищуренных глаз какие-то новые лучики, губы чуть раскрыты, вид — не то растерянный, не то блаженный.

Викарий положительно не узнавал миссис Дьюли.

— Послушайте, дорогая, вы бы посидели и почитали. Нельзя ведь так.

— Не могу же я — без пенсне,— отмахивалась миссис Дьюли и опять бежала наверх к больному.

Вероятно, потому что она была без пенсне — Кембл сквозняка в ее присутствии отнюдь не чувствовал и, когда у него дело пошло на поправку — охотно и подолгу с ней болтал.

Впрочем, "болтал" — для Кембла означало скорость не более десяти слов в минуту: он не говорил, а полз, медленно култыхался, как тяжело нагруженный грузовик — трактор на широчайших колесах.

Миссис Дьюли все старалась у него допытаться относительно приключения с автомобилем.

— ...Ну да, ну хорошо. Но ведь видели же вы тогда автомобиль, ведь могли же вы сойти с дороги — так отчего же не сошли?

161

— Я... Да, я видел, конечно... — скрипели колеса. — Но я был абсолютно уверен, что он остановится — этот автомобиль.

— Но если он не мог остановиться? Ну, вот просто — не мог?

Пауза. Медленно и тяжело переваливается трактор — все прямо — ни на дюйм с пути:

— Он должен был остановиться... — Кембл недоуменно собирал лоб в морщины: как же не мог, если он, Кембл, был уверен, что остановится! И перед его, Кембла, уверенностью — что значила непреложность переломанных ребер?

Миссис Дьюли шире раскрывала глаза и приглядывалась к Кемблу. Где-то внизу вздыхал опрокинутый поезд викария. Приливали сумерки, затопляли кровать Кембла, и скоро на поверхности плавал — торчал из-под одеяла — только упрямый квадратный башмак (башмаков Кембл не согласился снять ни за что). С квадратной уверенностью говорил — переваливался Кембл, и все у него было непреложно и твердо: на небе — закономерный Бог; величайшая на земле нация — британцы; наивысшее преступление в мире — пить чай, держа ложечку в чашке. И он, Кембл, сын покойного сэра Гарольда Кембла, не мог же он работать, как простой рабочий, или кого-нибудь просить,— ведь ясно же это?

— ...Платили долги сэра Чарльза, прадеда. Платил дед, потом отец — и я. Я должен был заплатить, и я продал последнее имение, и я заплатил все.

— И голодали?

— Но ведь я же говорил, ясно же, не мог же я... — Кембл обиженно замолкал.

А миссис Дьюли — она была без пенсне — нагибалась ниже и видела: верхняя губа Кембла по-ребячьи обиженно нависала. Упрямый подбородок — и обиженная губа: это было так смешно и так... Взять вот и погладить:

"Ну-у, миленький, не надо же, какой смешной..."

Но вместо этого миссис Дьюли спрашивала.

— Надеюсь, вам сегодня лучше, Кембл? Не правда ли: вы уже свободно двигаете рукой? Вот подождем, что завтра скажет доктор...

Утром приходил доктор, в сюртуке, робкий и покорный, как кролик.

— Что ж, натура, натура — самое главное. Извините: у вас великолепная натура...— бормотал доктор, смотрел вниз, в сумочку с инструментами, и в испуге ронял ее на пол, когда в комнату с шумом и треском вторгался адвокат О'Келли.

От ирландски рыжих волос О'Келли и от множества его

162

размахивающих рук — в комнате сразу становилось пестро и шумно.

— Ну, что же, Кембл, уже починились? Ну, конечно, конечно. Ведь у нас, англичан, головы из особенного материала. Результат бокса. Вы боксировали? Немного? Ну вот, ну вот...

Напестрив и нашумев, только под самый конец О'Келли замечал, что у него расстегнут жилет и что пришел он, в сущности, по делу: владелец автомобиля готов был немедленно уже уплатить Кемблу сорок фунтов.

Кембл не удивлен был нимало:

— О, я был уверен...

Он попросил только перо и бумагу и на узком холодновато-голубом конверте миссис Дьюли написал чей-то адрес.

Через два дня пришел ответ И когда Кембл читал — миссис Дьюли опять вспомнила о пенсне: вдруг вот сейчас занадобилось пенсне, беспокойно обшаривала комнату в десятый раз.

— Надеюсь, вам пишут хорошее. Я видела — почерк женский... — Миссис Дьюли усиленно рылась в аптечном шкафчике.

— О да, от матери. Я писал о деньгах. Теперь она сможет устроиться прилично.

Миссис Дьюли захлопнула шкафчик:

— Вы не поверите — я так рада, так страшно за нее рада! — Миссис Дьюли была рада в самом деле, это было видно, на щеках опять был румянец.

За завтраком миссис Дьюли, глядя куда-то мимо викария — может быть, на облака,— вдруг неожиданно улыбнулась.

— Вы в хорошем настроении сегодня, дорогая .— Викарий показал две золотых коронки.— Вероятно, ваш пациент, наконец, поправляется?

— О да, доктор думает, в воскресенье ему можно будет выйти...

— Ну вот и великолепно, вот и великолепно! — Викарий сиял золотом всех восьми коронок.— Наконец-то мы опять заживем правильной жизнью.

— Да, кстати,— нахмурилась миссис Дьюли.— Когда же будет готово мое пенсне? Нельзя ли к воскресенью?

3

ВОСКРЕСНЫЕ ДЖЕНТЛЬМЕНЫ

К воскресенью в Джесмонде каменные пороги домов, как всегда, были выскоблены до белизны ослепительной. Дома пожилые, закопченные, но белые полоски порогов сверкали, как вставные зубы воскресных джентльменов.

Воскресные джентльмены, как известно, изготовлялись на одной из джесмондских фабрик и в воскресенье утром появлялись на улицах в тысячах экземпляров — вместе с воскресным нумером "Журнала Прихода Сент-Инох". Все с одинаковыми тростями и в одинаковых цилиндрах, воскресные джентльмены со вставными зубами почтенно гуляли по улицам и приветствовали двойников.

— Прекрасная погоду, не правда ли?

— О да, вчера была значительно хуже...

Затем джентльмены слушали проповедь викария Дьюли о мытаре и фарисее. Возвращаясь из церкви, каким-то чудом находили среди тысячи одинаковых, отпечатанных на фабрике, свой дом. Не торопясь, обедали, разговаривая с семейством о погоде. Пели с семейством гимны и ожидали вечера, чтобы пойти с семейством в гости.

Утром в воскресенье, изумивши доктора, Кембл встал и отправился к матери. Миссис Дьюли весь день сидела у всегдашнего окна. Читать было нельзя: пенсне к воскресенью так-таки и не сделали.

"Ну, ничего, скоро сделают, и опять заживем правильной жизнью",— думалось словами викария, смотрела в окно, неслись быстрые, распухающие облака, и надо было бежать за ними — так было надо — не могла оторвать глаз.

— Послушайте, дорогая, но ведь там уже гости... — вбегал викарий, потирая руки. Он был в превосходном настроении: скоро опять начнется правильная жизнь.

Куда-то шла миссис Дьюли, с какими-то розовыми и голубыми дамами говорила о погоде, и все неслись и пухли облака. А викарий сиял золотом восьми коронок и развивал перед розовыми и голубыми идеи "Завета Принудительного Спасения" — что означало на его барометре максимум. В сущности, не было ли это совершенно ясно: если единичная — всегда преступная и беспорядочная — воля будет заменена волей Великой Машины Государства, то с неизбежностью механической — понимаете? — механической... И механически кивала в ответ чья-то круглая, как футбольный шар, голова.

Протрещал звонок. Облака сгустились, стали в полутемной передней — и из облаков вышел Кембл. Он был чисто выбрит (подбородок стал еще квадратней) и в смокинге, хотя и поношенном. И за ним появлялся у входа еще кто-то.

И когда кто-то появился — Кембл возгласил:

— Моя мать, леди Кембл...

Все разом обернулись и смолкли, как будто случилось неловкое или неприятное, хотя ничего такого и не было. Потому что, если говорить о вечернем платье леди Кембл, то что же: платье было — как платье, серого шелка, разве только чуть старомодное. Но все молчали.

Леди Кембл выступала медленно, и какая-то невидимая узда все время подтягивала ее голову вверх. Серо-желтые седые волосы, и в вырезе серого платья — шевелились мумийные, страшные плечи, и кости, кости... Так выпирает каркас в старом, сломанном ветром, зонтике.

— Я очень рад, что мы имели случай... — почтительно начал викарий.— Это приключение с автомобилем послужило... — Викарий вглядывался в ее лицо: оно было самое обыкновенное, но было что-то...

— Мой покойный Муж, сэр Гарольд, всегда высказывался против автомобилей... — Невидимая узда подтягивала голову все выше... — В их слишком быстром движении он находил положительно что-то невоспитанное...

Это было подмечено очень тонко: именно — невоспитанное. Викарий потирал руки:

— Совершенно с вами согласен, дорогая леди Кембл: именно — невоспитанное!

Да, это очевидно: им суждено стать друзьями... Викарий всматривался в ее лицо: нет, ничего особенного как будто. Просто показалось.

— Я очень, очень рада, что миссис Дьюли так дружна с моим сыном. Не правда ли, так приятно смотреть на них? — Леди Кембл улыбалась.

И тотчас же викарий понял, что это были — г у б ы. Бледно-розовые, тончайшие и необычайно длинные, как черви — они извивались, шевелили вниз и вверх хвостиками...

Миссис Дьюли оживленно о чем-то говорила и близко наклонила к Кемблу лицо: она была без пенсне.

— Пенсне еще не готово, знаете ли... — растерянно пробормотал викарий — черви ползли прямо на него — пятился — придумывал, что бы такое сказать.— Да... Вам

165

мистер Кембл говорил: он получил предложение поступить к адвокату О'Келли. Конечно, не Бог знает что, но на первое время...

— О, нужда, конечно, заставляет согласиться, а так... О'Келли! Ведь я прожила здесь уже год... — Леди Кембл улыбалась, черви вытягивались, в извивах нацеливались на добычу.

Викарий был уже спокоен. Он вновь был автором "Завета Спасения" и благосклонно показывал золотые коронки:

— ...Единственная надежда — на благотворное влияние среды. Я не хочу приписать это себе, но вы знаете — прихожане Сент-Инох стоят на исключительной высоте, и я надеюсь, что мало-помалу даже О'Келли...

— О'Келли? Да, не правда ли, ужасно? — заволновались голубые и розовые дамы, и быстрее закивала футбольно-круглая голова. Футбольная голова принадлежала мистеру Мак-Интошу, а мистер Мак-Интош, как известно, знал все.

— О'Келли? Ну как же: за кулисами в "Эмпайре"... Ремингтонистки? Ну ка-ак же! Четыре ремингтонистки... Мистер Мак-Интош, как мяч, мелькая из угла в угол — в смокинге и сине-желто-красной шотландской юбочке — мелькал голыми коленками. Мистер Мак-Интош занимал пост секретаря Корпорации Почетных Звонарей прихода Сент-Инох и, следовательно, был специалист по вопросам морали...

— Вы знаете, я бы таких, как этот О'Келли... — воодушевился Мак-Интош. Но, к сожалению, приговор его остался неопубликованным: обвиняемый явился лично, а приговоры суда по вопросам морали объявляются заочно.

— А мы только что о вас говорили,— викарий показал адвокату два золотых зуба.

— Вероятно, изрядно успели подъюлить? — засмеялся О'Келли: он ввел в употребление глагол дъюлить и глаголом всякий раз огорчал викария.

— Если бы вы не опоздали, дорогой О'Келли, вы убедились бы лично. Но ведь вы по части аккуратности безнадежны...

— Я аккуратно опаздываю: это уже — аккуратность,— тряхнул рыжими вихрами О'Келли. Как всегда, он был растрепан, пиджак в каком-то пуху, одна пуговица совершенно неподходяще расстегнута. Голубые и розовые подталкивали друг друга, черви леди Кембл шевелились — и только, может быть, ничего не видела одна миссис Дьюли.

— ...Итак, утром вы переезжаете в свои комнаты, и значит сегодня — последнюю ночь у нас... — Миссис Дьюли озябло поводила плечами: вероятно, простудилась.

166

Кембл стоял молча, упористо расставив ноги. Миссис Дьюли взглянула в зеркало напротив — поправить прическу, мелькнуло золото волос — золото последних листьев. Она вздрогнула и засмеялась:

— А знаете: пусть, будто вы еще больны, и я, как всегда, приду положить вам компресс на ночь?

— Но ведь я же не болен? — Кембл недоуменно морщил лоб: грузовик-трактор ходил только по камню, тяжелые колеса увязали в зыбком "пусть".

Усаживались ужинать. Очень долго возился Мак-Интош: это была очень сложная операция — сесть так, чтобы не смялась его сине-желто-зеленая юбочка. Усевшись, мистер Мак-Интош глубокомысленно покивал футбольной головой:

— В сущности, это великая мистерия — еда, не правда ли?

Это было сказано прекрасно: мистерия. Великая мистерия протекала в молчании, и только в том углу, где сидел О'Келли, было рыже, пестро и шумно. О'Келли рассказывал про Париж, про какой-то надувной чемоданчик, купленный в Париже — специально для надувания английских законов.

— ...Без багажа ведь с дамой у нас в гостиницу не пустят. И вот вы вытаскиваете из кармана, надуваете — пффф — и великолепный чемодан. В конце концов, роль закона не такая же ли, как роль ваших платьев, сударыни? Ах, извините, ваше преподобие...

Викарий треугольно поднял брови и уже в который раз поглядывал на часы: в расписании для воскресений в графе "сон" стояла цифра 11. И кроме того, этот О'Келли...

Мистерия кончалась. Воскресные джентльмены с супругами торопились по домам.

Прощаясь с Кемблом у двери его спальни, миссис Дьюли засмеялась еще раз — свеча в руке дрожала:

— Так значит — компресс?

— Нет, я же здоров, следовательно — зачем же компресс? — Свеча освещала непреложный квадратный подбородок Кембла.

Миссис Дьюли быстро повернулась и пошла в спальню. Викарий уже спал, в белом фланелевом колпаке, крестообразно сложив руки на груди.

Утром за завтраком викарий увидел миссис Дьюли уже в пенсне и положительно обрадовался:

— Ну вот — теперь я вас опять узнаю!

167

4

ВЫСШАЯ ПОРОДА ИНТЕЛЛЕКТА

Контора адвоката О'Келли помещалась во втором этаже старого дома. В толстой каменной стене — окованная дверь с молотком, темная каменная лестничка наверх и одна ступенька вниз, наружу, в переулок Сапожника Джона. Переулок — узкое ущелье меж домов — только двум разойтись, и синяя полоска неба между стен вверху. В старом доме жил когда-то свободолюбивый Сапожник Джон, упрямо державшийся Лютеровой ереси и за это сожженный. Теперь сюда пришел работать мистер Кембл.

В первой комнатке стучали на ундервудах четыре барышни, О'Келли подвел Кембла к первой — и представил:

— Моя жена Сесили, она же Барашек.

С льняными волосами, с крошечным ротиком — она была, правда, как пасхальный барашек, перевязанный ленточкой. Кембл осторожно пожал ей руку.

Затем О'Келли познакомил с тремя остальными и о каждой сказал одинаково кратко-серьезно:

— Моя жена. Моя жена. Моя жена.

Кембл остановился с протянутой рукой, страдальчески наморщил лоб, и было слышно, как пыхтит тяжелый грузовик, не в силах стронуться с места. Моя жена — моя жена — моя жена... Посмотрел на О'Келли: нет, О'Келли был совершенно серьезен.

— Послушайте, да разве вы не знали: ведь я же — магометанин,— пришел на помощь О'Келли.

Кембл облегченно расправил лоб: теперь налицо были и малая, и большая посылка — полный силлогизм. Все становилось квадратно-просто.

— О, я всегда относился с уважением ко всякой установленной религии,— серьезно начал Кембл.— Всякая установленная религия...

О'Келли, красный, с минуту молча наливался смехом, потом лопнул, а за ним — все его четыре жены.

— Слушайте, Кембл... Ой, не могу! Да вы какой-то... Ох, Господи, надо же: он, ей-Богу, поверил! Ну-у, голубчик, я-то вас живо выучу слушать вранье...

— Вранье? — Кембл сбился безнадежно.— Вранье? — это было непонятное, ни в шутку, ни вправду — просто, вообще

168

непонятное, ну как может быть непонятна, непредставима бесконечность вселенной. Кембл стоял убитый, столбяные ноги — расставлены.

— Послушайте, Кембл, будем же серьезны... — О'Келли стал серьезен, как всегда, если говорил несерьезно.— Не забывайте, что мы — высшая порода интеллекта — адвокаты, и поэтому — наша привилегия: лгать. Ясно же как день: животные — представления не имеют о лжи; если вы попадете к каким-нибудь диким островитянам, то они тоже будут говорить только правду, пока не познают европейской культуры. Ergo: не есть ли это признак...

Все это было совершенно так. Но Кембл непреложно, квадратно был уверен, что это не должно быть верно, и потому в голове была сущая толчея. И он уже не слышал слов О'Келли, а только безнадежно огребал рукой лоб: так медведь огребает облепивших пчел...

В приемной ожидала адвоката какая-то молодая леди, подстриженная по-мальчишечьи, курила папиросу.

— А-а, Диди! Вы, деточка, здесь давно? Миссис Диди Ллойд, наша клиентка. Развод... — Адвокат обернулся к Кемблу, увидел его соображающий лоб — и опять понесся.— Я ей говорил: вступить сперва в пробный брак, но она непослушница... Не слыхали о пробном браке? Ну как же, ну как же: билль прошел в парламенте тридцать первого... ну да, тридцать первого марта.

Миссис Диди Ллойд смешливая — у ней дрожали губы, Кембл опять сбивался — верить или не верить, а О'Келли уже раскладывал перед ним бумаги.

— ...Остались сущие пустяки. Разберитесь-ка, вот.

Кембл поклонился очень официально: мальчишеские повадки и папироса миссис Диди Ллойд и нога на ногу — были не в его вкусе. Он уселся за бумаги, а О'Келли расхаживал сзади, обсыпал пеплом жилет и вслушивался.

Бумага — это определенно. Туман в голове Кембла разбредался, по наезженному шоссе грузовик тащил кладь уверенно и быстро. О'Келли сиял и хлопал по плечу Кембла:

— Да вы молодчина! Я так и знал... Ломовичище вы эдакий...

Проходили клиенты. О'Келли уже позевывал: пора бы и обедать.

— Ну, что ж: в ресторан? А оттуда — в театр? Нельзя? Ну, да полно...

Дома к обеду ждала леди Кембл. Но у О'Келли, как всегда,

нашлись какие-то вывороченные и неожиданные доводы, выходило, что иначе нельзя — и Кембл послушно шел.

После бутылки романеи, в театре чувствовалось Кемблу: он очень высокий — выше всех — и легкий. Так редко чувствовал себя легким — очень это удобно и смешно — и всему на сцене покатывался, как пятилетний...

Впрочем, и все так же радостно смотрели и так же пятилетне смеялись. Было очень забавно: господин с приклеенным носом и толстая бабища танцевали тустеп, затем поссорились из-за найденного шиллинга, и господин с носом бил бабищу по щекам, а в оркестре бил барабан в такт. Потом девица, освещаемая попеременно зеленым и малиновым светом, играла на скрипке Моцарта. Потом какая-то в черном, тонкая, медленно плыла — танцевала в полумраке..

Один поворот — и Кемблу почудилось: узнал тонкое мальчишеское тело, подстриженные кудри... нет, не может быть! Но она уже была за экраном — экран ярко освещен — и ее тень постепенно сбрасывала с себя все, привычно — неспешно, чулки, подвязки, трико: был ее следующий танец — в красном.

— Миссис Диди Ллойд? — не отрываясь от экрана, спросил Кембл.

— Миссис...— передразнил О'Келли.— Ну, да конечно же — Диди.

О'Келли с любопытством, искоса, поглядывал на устремленного вперед Кембла: вот сейчас сдвинется грузовик-трактор и попрет, все прямо, через что попало...

Диди кончила красный танец — Кембл перевел, наконец, дух, и это вышло у него так шумно, из глубины, что сам испугался и огляделся кругом. Из ложи справа в темноте что-то на него блеснуло.

— Ну что, дружочек, понравилось, кажется? — ухмыльнулся О'Келли.

Уже одетая — в пальто и шляпе — Диди через проход пробиралась к ним. Села рядом с О'Келли и, смешливо захлебываясь, что-то ему рассказывала на ухо.

Было неловко, что теперь она — одетая, и потом показалось: слишком громко смеется. Кембл отодвинулся, выставив подбородок — уселся прямой, непреложный, и упрямо слушал концерт на странном инструменте: одна струна, натянутая на швабре.

Зажгли полный свет. Диди повернулась к Кемблу:

— Послушайте, Кембл, правду говорит О'Келли, что вы никогда — что вы никогда... — взяла Кембла за руку и

170

маленьким золотым карандашиком стала ему что-то писать на манжете.

"Что, если б моя мать..." — вспомнились Кемблу тончайшие извивающиеся губы, и он опять огляделся кругом, как будто леди Кембл могла быть здесь.

Но вместо леди Кембл — в ложе направо он увидел миссис Дьюли. Казалось, стекла ее пенсне блестели холодным блеском прямо на Кембла. Но это, очевидно, только казалось: блестя прямо на Кембла — миссис Дьюли не кланялась. Нет, очевидно, она не видала.

5

О ФАРФОРОВОМ МОПСЕ

Фарфоровый мопс обитал в No 72, в меблированных комнатах миссис Аунти. Постояльцы тут менялись каждую неделю — всякий раз, как в "Эмпайр" приезжало новое revue. Всегда стояли облака табачного дыма; по ночам кто-то плескался и хохотал в ванной; до полудня были опущены шторы в спальнях. Но фарфоровый мопс Джонни нимало этим не смущался и с высоты каминной полки взирал на жизнь с всегдашней своей хладнокровной и знающей улыбкой. Мопс Джонни принадлежал Диди — и обратно: Диди принадлежала мопсу Джонни. Они были неразлучными друзьями. И тем досадней, что у Кембла как-то сразу и без всякой видимой причины установились неважные отношения с Джонни.

— Послушайте, Кембл, отчего вы не любите моего Джонни? Посмотрите, он такой прелестно-безобразный. И он такой верный. И с ним можно делать что угодно...

У Кембла на коленях разложены бумаги: очень трудная задача — уговорить Диди взять деньги, которые так любезно предлагаются ей мистером Ллойд, бывшим мужем. У Кембла лоб собран мучительно.

— ...Мистер О'Келли находил бы, что вам деньги надо взять. И я не понимаю — почему...

— Послушайте, Кембл, а вы не находите: Джонни похож на мистера О'Келли? Оба они одинаково безобразно-милые, и такие умные, и одинаково улыбаются. Ну вот сядьте сюда — сбоку — посмотрите?

Прямой, несгибающийся, Кембл, как Будда, усаживался на ковер и сердито смотрел на Джонни. Но это было верно: мопс был — О'Келли, две капли воды. Медленно култыхаясь, и в самом смехе волоча какой-то груз, Кембл хохотал, раскатывался все больше, и уже Диди о другом — а его все не унять.

Оказывалось, что в Джонни есть нечто байроновское: в сущности — это до глубины разочарованное существо, потому и улыбается вечной улыбкой. Перед Джонни ставилась книжка в белом сафьяне — одна из немногих драгоценностей, которую Диди никогда не закладывала,— и Джонни читал, медленно и печально. Свет камина мерцал на мебели — лампы еще не зажжены; на полу белели забытые бумаги; отливал красным квадратный подбородок Кембла. Джонни читал...

Спохватывался Кембл, сердито вскакивал с ковра:

— Но все-таки должен же я сказать мистеру О'Келли, почему вы не хотите взять денег?

Белая книжка летела в угол, черная черта бровей вдруг зачеркивала мальчишеское лицо Диди — Диди кричала:

— Потому что я — я — я изменила мистеру Лллойд, поняли, нет? Почему изменила? Потому что была хорошая погода — и, пожалуйста, убирайтесь с своими бумагами! Джонни в десять раз вас умнее, он никогда не спрашивает...

Наутро, в конторе, Кембл жаловался — с нависшей поребячьи, обиженной губой:

— Она просто не слушает... Все со своим мопсом...

О'Келли ухмылялся — как мопс:

— Эх вы... Кембл вы эдакий! Нынче же вечером волоките ее ко мне: мы с ней живо расправимся...

Вечер был очень тихий. Чинно и тихенько, радуя взор, стояли в палисадниках стриженные под нулевой номер деревья — ряды деревянных солдатиков. Вероятно, был какой-нибудь праздник или просто специальная служба для детей, церковь Сент-Инох звонила, по одному перебирала колокола в одном и том же порядке — все вертели и вертели какую-то ручку и чинными рядами шли стриженые дети в белых воротничках.

Кембл и Диди остановились — пропустить шествие. Прошел последний беловоротничковый ряд, и из-за угла показался викарий Дьюли, сопровождаемый миссис Дьюли и секретарем Почетных Звонарей Мак-Интошем. Викарий шел, как полководец, он вел беловоротничковую армию ко спасению математически верным путем. Медленно перекладывал за спиной пальцы — отсчитывал что-то.

Кембл чувствовал себя немного неловко: он не был у

172

Дьюли с того самого воскресенья, надо что-нибудь... надо подойти и сказать...

— Вы извините — я только на минутку... — Кембл оставил Диди у церковного заборчика и медленно заколыхался навстречу Дьюли. Упористо расставив ноги и смущенно глядя на квадратные башмаки, Кембл извинялся: ужасно занят у адвоката, как-то совершенно не было времени... Хрустально поблескивало пенсне миссис Дьюли, викарий сиял золотыми зубами и поглядывал искоса в сторону Диди: она стояла у заборчика и поигрывала тросточкой Кембла.

— Великолепный вечер! — радостно засвидетельствовал Кембл. Страдальчески сморщился. Пауза...

Выручил Мак-Интош. Он был общепризнан человеком оригинальным и глубокомысленным. В эту минуту он внимательно смотрел себе под ноги:

— Я всегда думаю: какая великая вещь культура. Вот например: тротуар. Нет, вы вдумайтесь: тротуар!

И тотчас звонкий смех — все с ужасом обернулись: эта молодая особа с тросточкой — смеялась. Эта молодая особа всегда была смешлива: теперь она опиралась на тросточку и тряслась, тряслась от смеха, трясла подстриженными кудряшками...

Дальше, в сущности, ничего не было особенного: просто миссис Дьюли обернулась и посмотрела на эту молодую особу — или, вернее, не на нее, а на церковный заборчик, к которому прислонилась особа. Миссис Дьюли посмотрела так, как будто эта особа была стеклянной, совершенно прозрачной.

Диди вспыхнула, что-то хотела сказать — что было бы уж, конечно, совершенно невероятно — но только вздернула плечами и быстро куда-то пошла...

А затем миссис Дьюли любезно протянула Кемблу руку — показалось, ее рука дрожит — или, может быть, это дрожала рука самого Кембла.

— До свидания, мистер Кембл. Все-таки надеемся скоро вас видеть... — И миссис Дьюли проследовала в церковь.

Это было неслыханно... у Кембла горели уши, во всю свою тяжелую прыть побежал за Диди, но она как провалилась сквозь землю: нигде ее не было...

Вечером, по окончании церковной службы, миссис Дьюли сидела с викарием в столовой и постукивала корешком книги:

— Ну что же — ваше принудительное спасение? Вы же видите, куда идет Кембл? На вашем месте я бы...

Викарий треугольником поднял брови: он положительно не узнавал миссис Дьюли, раньше она совершенно не

173

интересовалась "Заветом Спасения". Викарий потирал руки: это хороший знак, это великолепно...

— Вы правы, дорогая: этим надо заняться. Конечно, конечно.

А в No 72 — камин покрывался пеплом, дергалось, трепыхалось под пеплом последнее тепло. На ковре лежала Диди и с нею фарфоровый мопс Джонни. Безобразная морда мопса была вся мокрая. На пороге стоял Кембл, страдальчески сморщившись: он пришел сказать Диди, что поведение ее странно по меньшей мере. И вот — нету слов, или мешает что-то, спирается вот тут, в горле. В сущности, ведь это нелепо...

Кембл старался построить силлогизм.

6

ЛИЦО КУЛЬТУРНОГО ЧЕЛОВЕКА

Как известно, человек культурный должен, по возможности, не иметь лица. То есть не то чтобы совсем не иметь, а так: будто лицо, а будто и не лицо — чтобы не бросалось в глаза, как не бросается в глаза платье, сшитое у хорошего портного. Нечего и говорить, что лицо культурного человека должно быть совершенно такое же, как и у других (культурных), и уж, конечно, не должно меняться ни в каких случаях жизни.

Естественно, что тем же условиям должны удовлетворять и дома, и деревья, и улицы, и небо, и все прочее в мире, чтобы иметь честь называться культурными и порядочными. Поэтому, когда прохладные, серые дни прошли, и вдруг наступило лето, и солнце стало возмутительно ярким — леди Кембл почувствовала себя шокированной.

— Это уж положительно что-то... Это Бог знает что! — Черви леди Кембл пошевеливались, высовывались, но необузданное, некультурное солнце все так же оскалялось во весь рот. Тогда леди Кембл делала единственное, что ей оставалось: спускала все жалюзи и водворяла в комнатах свет более умеренный и приличный.

Леди Кембл с сыном занимала теперь три комнаты: две спальни наверху и столовую внизу, окнами на улицу. Все было теперь слава Богу. Этот случай с автомобилем леди Кембл понимала как явное милосердие Божие. Нет, что там: порядочных людей Бог не оставит.

И вот — теперь все как полагается: и ковер, и камин, и над камином портрет покойного сэра Гарольда (тот же самый кембловский, квадратный подбородок), и столик красного дерева у окна, и на столике ваза для воскресных гвоздик. Во всех домах на левой стороне улицы видны были зеленые вазы, на правой — голубые. Леди Кембл жила на правой стороне, поэтому на столике у нее была голубая ваза.

По возможности леди Кембл старалась восстановить тот распорядок, который был при покойном сэре Гарольде. С утра затягивалась в корсет, к обеду выходила в вечернем платье. Купила за пять шиллингов маленький медный гонг, и так как хозяйка-старушка звонить в гонг не умела, то леди Кембл всегда звонила сама: снимет гонг со стены в столовой, выйдет в коридор, позвонит — и опять в столовую. Пусть даже завтракает одна — Кембл в конторе — все равно позвонит: главное — порядок.

К несчастью, обед и завтрак подавал не лакей, а старушка миссис Тэйлор, трясучая и древняя. И чтобы это выходило хоть мало-мальски прилично, леди Кембл стала старушку уговаривать: за обедом чтоб прислуживала в белых перчатках.

— И что это за причуды такие, Господи! Моешь руки — моешь, и все им мало... — Старушка обиделась и даже всплакнула, но за два лишних шиллинга в месяц — наконец согласилась.

Теперь было все в порядке — и леди Кембл позвала О'Келли обедать: пусть видит, что имеет дело не с кем-нибудь.

Было очень много хлопот. На столе стояли цветы и бутылки. Старушка Тэйлор выстирала свои белые перчатки. И только О'Келли...

Трудно поверить — но О'Келли явился на обед... в визитке. Весь обед был испорчен. Черви леди Кембл развертывались, шевелились.

— Я так рада, мистер О'Келли, что вы по-домашнему. Впрочем, смокинг — при вашем складе лица...

О'Келли засмеялся:

— О, о своей наружности — я высокого мнения: она — исключительно безобразна, но она — исключительна, а это все.

Коротенький, толстый — он запыхался от жары, вытирал лицо пестрым платком. Рыжие вихры растрепались, четыре его руки непрестанно мелькали, он капал на жилет соусом и болтал без остановку. Да, в сущности, Уайльд тоже был некрасив, но он подчеркивал некрасивое — и все верили, что это красиво. И затем: подчеркнутая некрасивость — и подчеркнутая порочность — это должно дать гармонию. Красота — в гармонии, в стиле, пусть это будет гармония безобразного — или красивого, гармония порока — или добродетели...

Но тут О'Келли заметил: невидимая узда поддернула желтую голову леди Кембл, бледно-розовые черви зловеще шевелились и ползли. О'Келли запнулся — и бледно-розовые черви тоже остановились. Говорить в обществе об Уайльде! И если леди Кембл на этот раз пощадила О'Келли, то исключительно ради сына...

Старушка Тэйлор трясущимися руками в белых перчатках поставила ликер и кофе. Об этом ликере леди Кембл поразмыслила довольно. Но в конце концов решила отложить починку своих туфель на месяц. Без ликера было нельзя никак, так же, как без гонга или перчаток миссис Тэйлор.

Два раза леди Кембл подвигала О'Келли ликер — и два раза О'Келли подливал себе шотландскую виски. Все это вместе — и пестрые вихры, и ликер, и мелькающие в воздухе руки О'Келли — раздражало миссис Кембл. Черви куснулись:

— Вы, однако, оригинал: первый раз вижу человека, который с кофе пьет виски.

"Оригинал" — для леди Кембл звучало так же, как "некультурный человек", но мистер О'Келли был, по-видимому, слишком толстокож. Он секунду весело молчал — он даже и молчал весело — и потом вслух подумал:

— Вот в этакую жару, должно быть, хорошо в одной шотландской юбочке щеголять!

К слову вспомнил и рассказал: с приятелем шотландцем они ходили по Парижу — и парижские мальчишки, в конце концов, не выдержали, улучили момент и подняли шотландцу юбочку — посмотреть, есть ли под ней что-нибудь вроде штанов, или...

Леди Кембл больше не могла — не могла. Разгневанно встала, пошла к двери и позвала с собой кипенно-белую кошку Милли:

— Милли, пойдемте отсюда... Милли, вам здесь нечего делать — зачем вы сюда — ваше молоко в коридоре...

Но испорченная Милли, по-видимому, была еще не прочь послушать рассказы О'Келли: она мяукала и упиралась. Леди Кембл нагнулась — выскочили ключицы, и лопатки, и еще какие-то кости — весь каркас разломанного зонтика. С Милли под мышкой леди Кембл проследовала в дверь.

Величественная и страшная в своем мумийном декольте, она появилась вновь только, когда О'Келли загромыхал в передней, разыскивая палку (которой не приносил). Вместе с О'Келли вышел и Кембл.

Небо было бледное, подобранное, вогнутое, какое бывает в сумерки после жарких дней. Кембл пожимался: не то от прохлады, не то от тех неминуемых разговоров — о порядочности и непорядочности, какие будут завтра с леди Кембл. Пожимался и все-таки шел вместе с О'Келли туда — в No 72. Главное, он был совершенно согласен с леди Кембл: в меблированных комнатах миссис Аунти — все было непорядочное, все было — не его, было шероховато и мешало, как мешал бы камень посреди асфальтовой Джесмондской улицы — и все-таки шел.

"Раз идет О'Келли... Надо же поддерживать с ним отношения..." — успокаивал себя Кембл.

В No 72, по обыкновению, горел камин. Диди сидела на ковре у огня: сушила, после мытья, кудрявые, по-мальчишечьи подстриженные волосы. На полу были разбросаны листки какого-то письма — и над ними улыбался мопс Джонни.

О'Келли чуть не наступил на листки — наклонился и поднял.

— Не трогайте! — со злостью закричала Диди.— Говорю вам — не трогайте! Не смейте трогать! — Брови сошлись над переносьем, исчезло мальчишечье лицо — было лицо женщины, опаленное темным огнем.

О'Келли сел на низенький пуф и затараторил:

— Нехорошо, нехорошо, деточка. Только что леди Кембл нам внушала, что лицо порядочного человека должно быть неизменно, как... как вечность, как британская конституция... И кстати: слыхали ли вы, что в парламент вносится билль, чтобы у всех британцев носы были одинаковой длины? Что же, единственный диссонанс, который, конечно, следует уничтожить. И тогда — одинаковые, как... как пуговицы, как автомобили "Форд", как десять тысяч нумеров "Таймса". Грандиозно — по меньшей мере...

Диди — не улыбнулась. Все так же держала листочек в руке, и все так же крепко, как сплетенные пальцы — сдвинуты брови.

И не улыбался Кембл: что-то в нем накипало, накипало, било — и вот через край — и встал. Два шага к Диди — и спросил — тоном таким, какого не д о л ж н о было быть:

— Что это за письмо такое? Отчего к нему уж и притронуться нельзя? Это — это... — говорил — и слушал себя с изумлением: не он — кто же?

И одну секунду слушала с изумлением Диди. Потом брови ее расцепились, она упала на ковер и захлебнулась смехом:

— О, Кембл, да, кажется, вы... Джонни, мопсик, ты знаешь — Кембл-то... Кембл-то...

7

РУЛЬ ИСПОРЧЕН

Наконец-то оно кончилось — дело о разводе, и на Диди никто теперь не имел прав, исключая, конечно, фарфорового мопса Джонни.

Событие праздновали втроем: О'Келли, Диди и Кембл. Обедали в отдельном кабинете, пили, О'Келли влезал на стул и произносил тосты, махал множеством рук, пестрело и кружилось в голове. Домой как-то не хотелось: решили поехать на бокс.

Такси летел, как сумасшедший — или так казалось. На поворотах кренило, и несколько раз Кембл обжегся об колено Диди. Такси летел...

— А знаете,— вспомнил Кембл,— мне уж который раз снится, будто я в автомобиле, и руль испорчен. Через заборы, через что попало, и самое главное...

А что самое главное — рассказать не успел: входили уже в зал. Крутой веер скамей был полон до потолка. Опять было Кемблу тесно и жарко, обжигался, и будто все еще летел такси.

"Не надо так много пить..."

— Послушайте, Кембл, вы о чем думаете? — кричал О'Келли.— Вы слышите: сержант Смис, чемпион Англии. Вы понимаете: Смис! Да смотрите же, вы!

Из двух противоположных углов четырехугольного помоста они выходили медленным шагом. Смис — высокий, с крошечной светловолосой головой: так, какое-то маленькое, ненужное украшение к огромным плечам И Борн из Джесмонда — с выдвинутой вперед челюстью: вид закоренелого убийцы.

— Браво, Борн, браво, Джесмонд! Сержант Смис, браво!

Топали, свистели, клокотали все двадцать рядов скамей, шевелилась и переливалась двадцать раз окрутившаяся змея —

и вдруг застыла и вытянула голову: судья на помосте снял цилиндр.

Судья, поглядывая из-под седого козырька бровей, объявлял условия:

— Леди и джентльмены! Двадцать кругов по три минуты и полминуты отдыха после каждого круга — согласно правилам маркиза Квинзбэри...

Судья позвонил. Смис и Борн медленно сходились. Борн был в черных купальных панталонах, Смис — в голубых. Улыбнулись, пожали друг другу руки: показать, что все, что будет — будет только забавой культурных и уважающих друг друга людей. И тотчас же черный Борн выпятил челюсть и закрутился около Смиса.

— Так его, Джесмонд! Вот это панч! — закричали сверху, когда Борн отпечатал красное пятно на груди чемпиона Англии.

Двадцатиколенная змея обвивалась теснее, дышала чаще, и Кембл видел: шевелилась и вытягивалась вперед Диди — и он сам вытягивался, захваченный кольцами змеи.

Судья с козырьком бровей прозвонил перерыв. Черный и голубой — оба вытянулись на стульях, каждый в своем углу. Широко раскрыв рты — как выброшенные рыбы; спешили за полминуты наглотать побольше воздуху. Секунданты суетились, кропили им языки водой, махали полотенцами.

Полминуты, прошло. Снова схватились. Смис улучил секунду — и тяжелый кулак попал Борну в нос, снизу вверх. Борн спрятал лицо под мышку к Смису и закрутился вместе с ним — спасти лицо от ударов. Из носу у Борна шла кровь, окрашивала голубые панталоны Смиса, крутились и барахтались два голых тела. И все судорожней вытягивалась змея — впитать запах крови, кругом топали и ревели нечленораздельное.

— ...Поцелуй его, Борн, в подмышку, очень вкусное местечко! — выкрикнул пронзительный мальчишеский голос.

Диди — раскрасневшаяся, взбудораженная — дергала за рукав Кембла. Кембл оторвался от помоста и посмотрел на нее — с ноздрями, еще жадно расширенными, и квадратным, свирепо выдвинутым подбородком. Он был новый, и какой-то маленькой показалась себе Диди... И... что хотела спросить? — забыла...

— Да смотрите же! — крикнул О'Келли.

Кончалось. Качался от ударов Борн, и медленно, медленно ноги его мякли, таяли, как воск — и он гулко рухнул.

Джесмонд был побит — Джесмонд вопил:

— Неверно! Он ударил, когда Борн уже падал...

— Долой Смиса! Неправильно, мы видели!

Смис стоял, закинув маленькую головку, и улыбался: ждал, пока затихнут.

— ...И еще улыбается! Что за наглость такая! — Диди горела и дрожала. Повернулась к Кемблу, чем-то колюче-нежным ужалила его локоть.— Была бы я как вы — сейчас же бы вот его пошла и побила...

Кембл на секунду посмотрел ей в глаза — и сбесившийся автомобиль вырвался и понес.

— Хорошо. Я иду.— Он двинулся к трибуне.

Было это немыслимо, н е д о л ж н о было быть, Кембл сам не верил, но остановиться не мог: руль был испорчен, гудело, несло через что попало и... страшно или хорошо?

— Послушайте, не на самом же деле... Кембл, вы спятили? Держите же, держите его, О'Келли!

Но О'Келли только улыбался молча, как фарфоровый мопс Джонни.

Судья объявил, что мистер Смис любезно согласился на пять кругов с мистером Кембл из Джесмонда. На помосте появилось громадное, белое тулово Кембла — и Джесмонд восторженно заревел.

Мистер Кембл из Джесмонда был выше и тяжелее Смиса, и все-таки с первого же круга стало ясно, что выходка его была совершенно безумной. Все так же улыбаясь, Смис наносил ему удары в бока и в грудь — только ухало гулко где-то в куполе. Но стоял Кембл очень крепко, упористо расставив столбяные ноги и упрямо выдвинув подбородок.

— Послушайте, О'Келли, ведь он же его убьет, ведь это же ужасно... — не отрывала глаз и бледнела Диди, а О'Келли только молча улыбался знающей улыбкой.

На третьем круге, весь в красных пятнах и в крови, Кембл еще держался. В тишине чей-то восторженный голос сверху крикнул:

— Ну и морда — прямо чугунная!

В зале фыркнули. Диди негодующе оглянулась, но уже опять была тишина: начинался четвертый круг, На этом круге, в самом же начале, Кембл упал.

Диди вскочила, с широко раскрытыми глазами. Судья поглядывал из-под седого козырька бровей и отсчитывал секунды:

— Раз, два, три, четыре...

На последней секунде — на девятой — Кембл упрямо встал.

180

Получил еще удар — и все поплыло, поплыло, и последнее, что увидел: бледное лицо Диди.

Смутно помнил Кембл: куда-то его везли, Диди плакала, О'Келли смеялся. Потом чем-то поили, заснул — и проснулся среди ночи. Светил месяц в окно, и ухмылялся в лицо Кемблу безобразный мопс Джонни.

Комната Диди. Ночью в комнате Диди... Бред? Потом медленно, сквозь туман, продумал:

"Правда, нельзя же было везти домой — таким..."

Язык был сухой, пить страшно хотелось.

— Диди! — робко позвал Кембл.

С диванчика поднялась фигура в черной пижаме:

— Ну, наконец-то вы! Кембл, милый, я так рада, я так боялась... Вы меня можете простить? — Диди села на кровать, взяла руку Кембла в свои горячие маленькие руки. Пахло левкоями.

Кембл закрыл глаза. Кембла не было — была только одна рука, которую держала Диди: в этой руке на нескольких квадратных дюймах собралось все, что было Кемблом,— и впитывало, впитывало, впитывало.

— Диди, я ведь пошел — потому что — потому что... — захватило горло вот тут — и тяжесть такая — не стронуть с места.

Диди нагнулась, серьезная, девочка-мать:

— Смешной! Я знаю же. Не надо говорить...

Ужалила Кембла двумя нежными остриями — быстро клюнула в губы — и уже все ушло, и только запах левкоя, как бывает в сухмень,— едкий и сладостный.

Всю ночь фарфоровый мопс сторожил Кембла усмешкой и мешал ему думать. Кембл мучительно морщил лоб, рылся в голове. Там, в квадратных коробочках, были разложены известные ему предметы, и в одной, заветной, вместе лежали: Бог, британская нация, адрес портного и будущая жена — миссис Кембл — похожая на портрет матери Кембла в молодости. Все это были именно предметы, непреложные, твердые. То, что было теперь,— ни в одну коробочку не входило: следовательно...

Но руль был явно испорчен: Кембла несло и несло, через "следовательно" и через что попало...

Утром Кембл проснулся — Диди уже не было, но ею пахло,

и лежала на стуле черная пижама, Кембл с трудом поднялся, натянул вчерашний свой смокинг. Долго смотрел на пижаму и крепился, потом встал на колени, оглянулся на дверь и погрузил лицо в черный шелк — в левкои.

Диди пришла свежая, задорная, с мокрыми растрепанными кудрями.

— Диди, я думал всю ночь,— Кембл твердо расставил ноги,— Диди, вы должны быть моей женой.

— Вы так думаете? Должна? — затряслась Диди от смеха.— Ну, что ж, если должна... Только вы, ради Бога, лежите, доктор велел вас держать в постели... Ради Бога... Вот так...

8

ГОЛУБЫЕ И РОЗОВЫЕ

Бокс был в субботу, а в понедельник имя Кембла уже красовалось в "Джесмондской Звезде".

"НЕОБЫЧАЙНЫЙ СЛУЧАЙ
В БОКСИНГ-ХОЛЛЕ!"
Боксер-аристократ

Эстрада, где мы еще на прошлой неделе видели негра Джонса, впервые была украшена появлением боксера из высокоаристократической, хотя и обедневшей семьи...

Мистер Кембл (сын покойного Г.-Д. Кембла) с удивительной стойкостью выносил железные удары Смиса, пока наконец на четвертом круге не пал жертвой своего опрометчивого выступле-ния. Мистер Кембл был вынесен в бессознательном состоянии. Среди друзей мистера Кембла выделялась туалетом звезда Эмпайра Д***".

В этот день в Джесмонде жизнь била ключом. О погоде почти не говорили — властителем умов был Кембл, говорили только о скандале с Кемблом. Останавливались около дома старушки Тэйлор и заглядывали в окна Кемблов, как бы ожидая некоего знамения, но знамения не появлялось. Тогда заходили к леди Кембл и с радостным видом выражали ей соболезнование.

— Ах, какой ужас, какой ужас! Но разве он так сильно пострадал, что нельзя было довезти к вам?

Черви миссис Кембл извивались.

— Бедная миссис Кембл. Вы даже лишены возможности навестить его! Ведь вы в т о т дом не пойдете, не правда ли?

— А потом — т а женщина! Дорогая миссис Кембл, мы понимаем...

Черви миссис Кембл вились и шипели на медленном огне. Голубые и розовые любовались; потом почему-то крутились около дома викария Дьюли — тонким нюхом чуяли что-то здесь; потом шли к т о м у дому и терпеливо смотрели в окно с опущенной занавеской, но занавеска не подымалась...

Впрочем, относительно дома викария Дьюли голубые и розовые ошибались: то, что там произошло,— были сущие пустяки. За утренним завтраком миссис Дьюли читала газету и нечаянно опрокинула чашку кофе — ведь это со всяким может случиться. Главное, что скатерть была постлана только в субботу,— и только в следующую субботу полагалась по расписанию новая. Немудрено, что викарий был в дурном расположении духа и писал комментарии к "Завету Спасения", а миссис сидела у окна и смотрела на красные трамваи. Затем она отправилась в т о т дом, спросила о чем-то хозяйку и немедленно пошла назад — быть может, получивши ответ, что при мистере Кембле находится т а женщина или что мистеру Кемблу значительно лучше. Но это, конечно, только предположения,— и единственно достоверно, что ровно в три четверти первого миссис Дьюли была дома и ровно в три четверти первого начался второй завтрак: ясно, все обстояло благополучно.

Все шло согласно расписанию, и вечером у викария состоялось обычное понедельничное собрание Корпорации Почетных Звонарей прихода Сент-Инох и редакции приходского журнала. Было несколько розовых и голубых; был неизменный Мак-Интош в сине-желто-зеленой юбочке; леди Кембл не пришла.

Все сидели как на иголках, у всех на языке был Кембл — Кембл. Но с викарием очень-то не поспоришь: перед ним лежало расписание вопросов, подлежащих обсуждению — семнадцать параграфов,— и уж нет, ни одного не пропустит.

— Господа, прошу внимания: теперь самый серьезный вопрос...

Это был вопрос о поднятии доходности "Журнала Прихода Сент-Инох". Викарий только что приобрел для журнала серию "Парижских приключений Арсена Лишена". Впоследствии —

это, конечно, повысит тираж, но пока нужно возместить расход, нужны объявления, объявления и объявления.

— Мистер Мак-Интош, мы ждем вашей помощи!

Мистер Мак-Интош торговал дамским бельем, у него были прекрасные связи. Он быстро дал три адреса и старательно выискивал еще.

— Ба! — вспомнил он.— А резиновые изделия Скрибса?

Викарий поднял брови: здесь было одно серьезное обстоятельство.

— Мистер Мак-Интош, помните: мы ручаемся за качество рекомендуемого. "Журнал Прихода Сент-Инох" не может...

— О, за изделия Скрибса я ручаюсь... — горячо возразил Секретарь Корпорации Почетных Звонарей.— Я самолично...

Но викарий остановил его — легчайшим, порхающим движением руки, каким в проповедях изображал он восшествие праведной души к небу. Изделия Скрибса были приняты; викарий записывал соответствующие адреса...

Поздно, когда ее уже перестали ждать, пришла леди Кембл. Как и всегда, голова была подтянута вверх невидимой уздой, и только лицо — еще мумийней, и еще острее вылезали кости — каркас сломанного ветром зонтика...

Как божьи птицы-голуби, слетевшиеся на зерна, розовые и голубые закрутились около леди Кембл: ну что? ну как?

Черви лежали недвижные, вытянутые — и наконец с трудом дрогнули:

— Я только думаю: что сказал бы мой покойный муж, сэр Гарольд...

Она подняла глаза вверх — к обиталищу Бога и сэра Гарольда, из глаз выползли две разрешенные кодексом слезинки, немедля принятые на батистовый платок.

Две слезинки почтены были глубоким молчанием. В стороне от всех миссис Дьюли мяла и разглаживала голубоватый конверт. Молчали: что же тут придумаешь и чем поможешь?

И вдруг вынырнула футбольная голова Мак-Интоша: он был как всегда незаменим.

— Господа, это тяжело — но мы должны просить викария пожертвовать собой. Всякий, кто слышал вдохновенную проповедь викария на воскресной службе, поймет, что только каменные сердца могли бы... Господа, мы должны просить викария, чтобы он пошел в т о т дом, и я уверен — мы уверены...

— Мы уверены! — подхватили розовые и голубые.

Прежде чем ответить, викарий сделал паузу и высморкался, что стояло у него в рубрике: искреннее волнение.

Что же — он всегда готов на жертвы. Но уж если и это не поможет — тогда придется...

Миссис Дьюли мяла и разглаживала узкий конверт, озябло поводила плечами: вероятно, простудилась. В жаркую пору, знаете, это особенно легко.

Вокруг порхали, поклевывали розовые и голубые.

9

ХОРОШО-С

Диди встала позже, чем обычно,— было уже за полдень, что-то напевала и расчесывала перед зеркалом непослушные мальчишеские кудри. На ней была любимая черная пижама: корсаж разрезан до пояса и слегка стянут переплетом шнура, и сквозь черный переплет — розовое. В этом костюме и с подрезанными волосами — девочко-мальчик — она была как средневековый паж: из-за таких строгие дамы легко забывали рыцарей и так охотно выкидывали веревочную лестницу с балкончика башни.

В соседнем номере тяжело ворочался Кембл: третий день освободилась комната рядом с Диди — и третий день он здесь жил — или нет: куда-то летел на взбесившемся автомобиле, летел через что попало — летел как во сне. Впрочем, скоро все это кончится. Вот только заработать еще фунтов тридцать, и тогда можно будет снять один из тысячи одинаковых домиков — и снова под ногами будет твердо.

— Миленький Джонни,— беседовала Диди с фарфоровым мопсом,— уж ты, пожалуйста, на меня не сердись, если я немножко выйду замуж. Ведь ты меня знаешь? Ну, так и молчи, и улыбайся, а теперь...

В No 72 стучали. Должно быть — Нанси из нового revue.

— Нанси? Войдите.

Дверь скрипнула, Диди вышла из-за ширмочки и увидела — викария Дьюли. Он вскинул вверх брови изумленными треугольниками, издал негодующий: ах! — и попятился к выходу в коридор.

— Я чрезвычайно извиняюсь — я думал, что уже раз больше двенадцати, когда уже все... — Он взялся за ручку двери, но за ту же ручку схватилась и Диди.

— Нет, нет, пожалуйста, не стесняйтесь, ради Бога — садитесь. Это мой обыкновенный утренний костюм — и не правда ли, очень милый фасон? Я так много о вас слышала — я очень рада, что вы наконец...

Что ж, надо было собой жертвовать до конца: викарий сел, стараясь не глядеть на обычный утренний костюм.

— Видите ли... Мисс? Гм... Диди... Я пришел по поручению одной несчастной матери. Вы, конечно, не знаете, что значит иметь дитя...

— О, мистер Дьюли, но у меня есть... Вот мой единственный Джонни, и я его страшно люблю... — Диди поднесла мопса к треугольно поднятым бровям викария Дьюли.— Не правда ли, какой милый? У-у, Джонни, улыбнись! Поцелуй мистера Дьюли, не бойся — не бойся...

Холодными улыбающимися губами Джонни приложился к губам викария. И вследствие ли неожиданности — или вследствие прирожденной вежливости, но только викарий ответил на фарфоровый поцелуй Джонни.

— О, какой вы милый! — Диди была в восторге, но викарий держался совершенно другого мнения. Он негодующе вскочил:

— Я зайду к вам, миссис... миссис, когда вы будете не так весело настроены. Я вовсе не расположен...

— О, мистер Дьюли, к несчастью — я, кажется, всегда весело настроена.

— В таком случае...

Мистер Дьюли отправился в соседний номер — к Кемблу. Здесь почва была более благодарная. Кембл выслушал всю речь мистера Дьюли, усиленно морщил лоб и кивал: да, да. Впрочем, иначе и быть не могло: речь викария была строго логическая, и он увлекал за собой Кембла, как по рельсам, викарий торжествовал...

Но на последней станции неожиданно произошло крушение, Кембл соскочил со стула.

— Мистер Дьюли. прошу вас не выражаться так о... о Диди, которую я просил быть моей женой.

— Же-женой? — но тотчас же викарий оправился: — Но ведь вы же все время соглашались со мной, мистер Кембл?

— Да, соглашался,— мрачно кивнул Кембл.

— Так где же у вас логика, мистер Кембл?

— Логика? — Кембл сморщился, потер лоб — и вдруг, нагнув голову, как бык, пошел прямо на викария.— Да, женой! Я сказал — моей женой... Да! И простите — я... я хочу остаться один, да!

— Ах, так? Хо-ро-шо-с! — Викарий вышел с высоко поднятыми бровями согласно рубрике: холодное негодование.

10

ЭЛЕКТРИЧЕСКИЙ УТЮГ

Был уже июнь. Деревья в парках, к сожалению, потеряли свой приличный, подстриженный вид: цвели олеандры, вылезали изо всех сил, как попало, в абсолютном беспорядке. По ночам заливалось птичье, совершенно не считаясь с тем, что в десять часов порядочные люди отходили ко сну. Порядочные люди сердито хлопали окнами и высовывались в белых колпаках.

Впрочем, надо сознаться, анархический элемент был даже и в Джесмонде, и этот элемент — происходившее одобрял всецело. Умудрялись избегнуть бдительного взора парковых сторожей и после десяти оставались в кустах слушать пение птиц. Кусты интенсивно жили всю ночь, шевелились, шептались, а месяц всю ночь разгуливал над парком с моноклем в глазу и поглядывал вниз с добродушной иронией фарфорового мопса.

Все это производило какую-то странную болезнь: и кусты, и жара, и месяц, и олеандры — все вместе. Диди капризничала и хотела неизвестно чего, и Кембл терялся.

— Жарко. Я не могу... — Диди расстегивала еще одну пуговицу блузы, и перед Кемблом мерно колыхались волны: белые — батисты, и еще одни — розовые, и еще одни, шумные и красные — в голове Кембла.

Кембл старался занять Диди чем-нибудь интересным:

— ...Знаете, Диди, на Кинг-стрит в окне я вчера видел электрический утюг. Такая прелесть, и всего десять шиллингов. Я думаю, нам уже можно бы начать обзаведение.

Но Диди даже и на это отзывалась очень вяло. Нет, она, кажется, больна.

Спускала шторы. Ложилась в кровать.

— Посмотрите, Кембл: у меня жар. Ну вот тут — ведь правда? Нет, глубже — сюда... — клала руку Кембла.

И опять весь Кембл собирался на нескольких квадратных

дюймах руки и слышал, издали откуда-то: мерными толчками колыхалась кровь и рвалась наружу, минута еще...

Но у Кембла, слава Богу, руль опять в руках, и он твердо правит к маленькому домику с электрическим утюгом. Кембл вытаскивал руку.

— Да, кажется, жар. Это — ничего, просто — погода...

На камине — мопс Джонни и в окне — месяц с моноклем улыбались одинаковой улыбкой. Кембл сердито вставал и повертывал Джонни носом к стене.

— Нет, уж пожалуйста — уж пожалуйста... Лучше дайте его мне,— протягивала руки Диди.

Нырял месяц в легких батистовых облачках, тускнел и сейчас же опять усмехался, и в ответ — мерцало и менялось каждую секунду лицо Диди, сцеплялись и опять расцеплялись брови, думала, думала... А о чем теперь думать? Все квадратно-твердо впереди: и маленький домик, и сияющий белизною порог, и ваза для воскресных гвоздик — зеленая или голубая

— Джонни, миленький мой Джонни,— обнимала Диди фарфорового мопса.— Поцелуй меня, Джонни. Так... еще. Еще! Еще!

Целовала мопса, и он становился все теплей, оживал. Душила его своими духами — сухим от бездождья, сладостно-едким левкоем. Топила насмешливую морду Джонни в белых и розовых волнах и называла его странными именами.

А Кембл сидел молча, упрямо выставлял месяцу каменный подбородок — и так был похож на портрет покойного сэра Гарольда.

О'Келли теперь редко заходил, но если заходил — то все такой же: заспанный, расстегнутый, злой и веселый. Кембл серьезно ему рассказывал:

— Двадцать фунтов уже есть. Еще тридцать — и на пятьдесят уж будет можно купить всю мебель...

— А без мебели — никак нельзя? — ухмылялся О'Келли.

— О да, конечно — нельзя,— невозмутимо серьезно отвечал Кембл.— И вовсе нечего смеяться: что тут смешного? Все совершенно логично.

— Ну, голубчик Кембл, на логике надо ездить умеючи, а то, чего доброго, разнесет.

И Бог знает к чему — рассказывал О'Келли про свою тетю Иву: на старости лет поперхнулась умом и стала питья бояться — как бы не выпить какую бациллу. Бациллу не выпила — а от непитья померла очень скоро.

Понемногу начала прислушиваться Диди, медленно

188

расцеплялись брови, медленно просыпался смешливый паж. Вот подошел О'Келли к камину, взял мопса Джонни.

— Ну до чего он на меня похож, а? На него глядя — я мог бы без зеркала бриться.

Брови совсем расцепились — Диди хохотала

— Это — просто гениально, если вы сами придумали Ну, сознайтесь, сами — или нет? Ну — сознавайтесь? — трясла О'Келли, беспомощно болталась его голова, из кармана сыпались свертки.

— Ага, фисташка? Ага, устрицы? А шампанское есть?

Ну, как же не быть? И на зеленом ковре начинался веселый пикник. О'Келли глотал устриц и закусывал англичанами. Ох, уж эти англичане!

— ...Праведны как... как устрицы, и серьезны — как непромокаемые сапоги. Боже ты мой — англичане! Я бы всех их — лимонным соком — этак, вот этак... Ага, закопошились?

Потихоньку открывалась дверь — и появлялась Нанси. Она была наполовину ирландка, и поэтому О'Келли приветствовал ее особенно сердечно. А кроме того, она.

Нанси была в одной нежно-розовой рубашке и с мохнатой простыней в руках. С невиннейшим видом она обходила все комнаты и предупреждала:

— Пожалуйста, не выходите в коридор — я иду брать ванну...

Это было великолепно, смеялся даже Кембл. А он смеялся по-особенному уже все перестали, и только он один вспомнит и опять зальется — раскатился тяжелый грузовик — не остановить никак.

Завернувшись в простыню, Нанси милостиво соглашалась до своей ванны принять участие в пикнике. Пенился и переливался через край О'Келли. Трясла Диди подстриженными кудряшками — проказливый девочко-мальчик, вытягивала губы, представляла, как викарий Дьюли поцеловал мопса.

И опять — все уже забыли, замолкли, а Кембл — вспомнит и засмеется. И уже один в своей комнате, все разошлись — а он опять вспомнит и засмеется.

Все тихо. Душная ночь, нечем дышать, накрыла с головой — как стеганым одеялом. Нет, не уснут.ь

Диди брала с комода холодного мопса. Целовала его, пока он не становился теплым, живым. А Кемблу снился электрический утюг: громадный, сверкающий, ползет и приглаживает все, и не остается ничего — ни домов, ни деревьев, только что-то плоское и гладкое — как зеркало.

Любовался Кембл и думал:
"И только ведь десять шиллингов!.."

11

СЛИШКОМ ЖАРКО

Викарий Дьюли не упускал случая внедрить в сознание Джесмонда свой "Завет". В субботу он выступал на митинге Армии Спасения. Если государство еще коснеет в упрямстве и пренебрегает своими обязанностями, то мы, мы — каждый из нас — должны гнать ближних по стезе спасения, гнать — скорпионами, гнать — как рабов. Пусть будут лучше рабами Господа, чем свободными сынами сатаны...

Речь была потрясающая, и джесмондская секция Армии Спасения решила взяться за дело немедленно, завтра же.

Это было воскресенье — сияющее, солнечное, жаркое. В половине девятого утра Армия Спасения тронулась из штаб-квартиры. Со знаменами, гимнами, барабанным боем, мерным военным шагом двести воинов Армии Спасения прошли по городу. И у каждой двери длинная, строгая женщина-офицер, в синей лопоухой шляпе останавливалась и колотила молотком.

— Господин Христос призывает вас в церковь!

— Гелло! Господин Христос призывает вас... Гелло, гелло! — колотила до тех пор, пока внутри не просыпались, не начинали выглядывать изумленные лица.

Церковь Сент-Инох сегодня была полна. Викарий вернулся домой счастливо-утомленный. За ним почтительно следовал Секретарь корпорации Почетных Звонарей Мак-Интош, восхищенно покачивая головой: какое красноречие, какая неистощимая энергия!

— Итак, дорогой Мак-Интош, сегодня — ваша очередь,— прощался с ним викарий.— Пусть это — тяжелая обязанность, но это — обязанность.

Мистер Мак-Интош отправился гулять. Он выбрал для прогулки не очень живописное место: ту улицу, где помещались меблированные комнаты миссис Аунти. По-видимому, иногда ему приходили в голову странные фантазии.

А викарий, позавтракав, уселся в кресло. Было очень жарко. Сквозь верхние граненые стекла в столовую сыпались десятки маленьких отраженных солнц. Викарий любовался: удобные портативные и неяркие солнца. Сидя задремал: это входило в воскресное расписание. Лицо и во сне хранило выражение изысканно-вежливое; все было готово, чтобы в любой момент открыть глаза и сказать: прекрасная погода, не правда ли?

* * *

Армия Спасения не пощадила, конечно, и артистических меблированных комнат миссис Аунти, переполошила обитателей ни свет на заря. Обитатели не выспались, громче чем нужно хлопали дверью и громче чем нужно плескались в ванной.

Диди вышла к завтраку со сжатыми бровями. За завтраком с некоторым изумлением, как будто видя в первый раз — внимательно оглядела Кембла, хотя он был такой же, как всегда: громадный, непреложный, прочный.

Чтобы поскорее добрать нехватающие тридцать фунтов, Кембл брал теперь частную работу на дом. Тотчас же после кофе он отстегнул манжеты и отправился в свою комнату заниматься.

Сдвинувши брови, Диди сидела рядом и гладила мопса. Солнце поднялось и назойливо стучало в окно. Кембл встал и задернул шторы.

— А я хочу солнца,— вскочила Диди.

— Но, дорогая, ведь вы знаете, я работаю для того, чтобы мы могли скорее начать покупку мебели — и затем...

Диди вдруг засмеялась, недослушав, и ушла к себе. Поставила мопса на камин, посмотрела в очаровательно-безобразную морду.

— Как ты думаешь, Джонни?

Джонни явно думал то же самое. Диди стала поспешно прикалывать шляпу...

А через десять минут — взволнованный блестящим успехом своей прогулки Мак-Интош стоял перед миссис Дьюли.

— Нам надо поехать в Санди-Бай,— таинственно подчеркивал он "надо".

Пенсне миссис Дьюли на секунду вспыхнуло нехрустально:

— Вы — вы уверены?

Мистер Мак-Интош только обиженно пожал плечами и взглянул на часы:

— Нам до поезда семь минут.

Второпях миссис Дьюли задела рукавом пенсне, пенсне упало. Миссис Дьюли прочнее укрепила пенсне и снова стала миссис Дьюли. Теперь можно ехать.

...Не было спасения от солнца и в Санди-Бай: слепило, кипятило кровь, кипел и бился пеннобелый прибой.

О'Келли и Диди лежали на горячем песке. Вероятно, от солнца — у Диди в висках стучало, и, вероятно, от солнца — О'Келли с трудом подыскивал слова.

— Слишком жарко. Давайте купаться,— встала Диди.

Бледно-желтый от зноя песок. Яшмово-зеленые, с белокипенной оторочкой, шипучие волны. Прыгающие на волнах головы в оранжевых, розовых, фиолетовых чепцах. Приглушенные волнами солнце и смех.

Вода освежала, не хотелось выходить из воды. Диди говорила себе:

"Нет, только выкупаемся — и сейчас же вернемся домой.."

Но волны уносили все дальше. Набегали, подхватывали, крутили, и так хорошо не бороться, не думать, покоряться.

Над водой видна была только голова О'Келли — безобразная, усмехающаяся голова мопса. Выкрикивал что-то плохо слышное в шуме волн:

— ...всю ночь... хорошо?

Диди — слышала она или нет? — кивала головой.

Когда после купанья вошли в кафе пообедать — О'Келли за одним из столиков увидал миссис Дьюли и с ней футбольную, глубокомысленную голову Мак-Интоша. О'Келли подбежал к ним:

— Вы? Какими судьбами вы — здесь? Я так рад, миссис Дьюли, что вы обызвестились еще не совсем...

— Обызвестилась?

— Да, я только что, вот, рассказывал... своей даме. Через несколько лет любопытный путешественник найдет в Англии обызвествленных неподвижных людей, известняк в форме деревьев, собак, облаков. Если не случится до тех пор землетрясения или чего-нибудь такого...

Пенсне миссис Дьюли холодно блестело. Она с усмешкой поглядывала на какой-то странный сверточек с ручкой: сверточком О'Келли оживленно размахивал.

— Это и есть, мистер О'Келли, ваш знаменитый надувной чемодан?

О'Келли немного смутился — на четверть секунды.

— О, вы знаете: хороший охотник без ружья не выйдет.

192

Просто по привычке... Так вы в пять часов? Я надеюсь, в поезде встретимся, если не опоздаю.

— Буду очень рада.— Стекла миссис Дьюли сверкали

Неаккуратность О'Келли хорошо известна: к пятичасовому О'Келли, конечно, опоздал.

12

РОЖДЕНИЕ КЕМБЛА

Сразу спала жара, стоял молочный, мокрый туман. Особенно слышно было ночью: о подоконник мокали неумолчно отчетливые капли, как часы, отбивали кем-то положенный срок.

И когда этот срок настал — а случилось это как раз в день рождения Кембла,— было получено письмо в узком холодновато-голубом конверте. Письмо было без подписи.

"Милостивый Государь, будучи Вашими друзьями, мы не можем не осведомить Вас, что известные Вам мистер К. и миссис Д. дурно пользуются Вашим доверием, в чем Вы будете иметь случай достоверно убедиться".

Голубоватый узкий конвертик был чем-то знакомый, и подумавши — Кембл вспомнил. Все это было очень просто и ясно: чистейшая выдумка, Кембл уверен был непреложно.

И все-таки — шел в контору, и было как-то нехорошо: будто выпил чашку чаю и увидел на дне муху, муху выкинул, но все-таки... А может быть — это просто от тумана: душный, как вата, и закутанные странно звучат шаги — как будто кто-то неотступно идет сзади.

В конторе О'Келли встретил Кембла шумно и радостно — был еще шумней и пестрей, чем всегда. Оказалось, О'Келли не забыл, что сегодня — день не простой, а день рождения Кембла, и готовил Кемблу какой-то подарок, а какой — обнаружится вечером. И затем Сесили — с улыбкой пасхального барашка, поднесла Кемблу букет белых лилий. Кембл прямо растрогался.

А когда вернулся домой, его ждал еще один подарок: Диди сама — сама! — предложила пойти по магазинам и начать т е покупки. И Кемблова муха без следа исчезла.

— Утюг. — засиял Кембл. — Нет, сначала утюг, а уже потом.

— Утюг — тяжелый, надо под конец, чтобы не таскать его все время,— резонно возражала Диди.

Но Кембл настоял на своем, купили утюг, и Кембл радостно его таскал, и вовсе не было тяжело легонький, как перышко, честное слово.

Зажигались огни, густел туман. Это был день рождения Кембла — настоящего рождения, начиналась новая жизнь. И новый был Джесмонд в тумане — невиданный, незнакомый город. Необычно и весело звучали шаги — будто кто-то неотвязно ступал, сторожил сзади.

И еще непременно хотел Кембл купить белья для Диди. Диди отнекивалась, но Кембл и слышать не хотел нынче — день его рождения.

— Для вашей жены?

— Нет... То есть.. — Кембл смущенно улыбался приказчику.

Прозрачные, шелковые — тело через них должно нежно розоветь — сорочки и панталоны. Было радостно-стыдно перевертывать и разглядывать все это вместо с нею, с Диди. С каждой купленной вещью Диди все больше становилась его женой.

Уши у Кембла горели, и он заметил: Диди прятала лицо. Кембл засмеялся.

— Ну же, Диди, будьте же храброй: посмотрите на меня... — хотелось видеть и у ней тот же сладкий стыд. Но Диди лица так и не показала.

Вечером заявился О'Келли с массой свертков и в сопровождении мисс Сесили.

— ...Чтобы было как в ноевом ковчеге,— объяснил О'Келли. Повернулся к камину — и всплеснул руками: на камине, рядом с мопсом Джонни — красовался сверкающий утюг.— Рядом с Джонни? — с укором посмотрел он на Диди.

Потом обернулся к Кемблу:

— Итак, решено: "я твой навеки" — не правда ли, Кембл? Что касается меня, то я просто глуп: никогда не мог понять, как можно одну и ту же любить каждый день — как можно одну и ту же книгу читать каждый день? В конце концов — это должно сделать малограмотным...

На Диди шампанское сегодня действовало странно: она сидела у стола, вытаскивала из блокнота листки почтовой бумаги и с наслаждением разрывала их на мелкие кусочки. Сесили — та раскраснелась от вина и боролась с О'Келли из-за четвертой пуговицы: три пуговицы на блузке она позволила расстегнуть, но четвертую...

194

— Нет, это неприлично,— с серьезной и невинной физиономией пасхального барашка отвечала Сесили.

— Но отчего же именно четвертую неприлично? — хохотал О'Келли.— Отчего же три было можно?

Диди все еще рвала бумагу. О'Келли отобрал у ней блокнот и попросил тишины. Главное, на что он хотел бы обратить внимание слушателей,— была почтовая бумага с линейками. На иной бумаге — в Джесмонде писем не пишут, и это очень хорошо, так как линейки — те же самые рельсы, а мысль в Джесмонде должна двигаться именно по рельсам и согласно строжайшему расписанию. Мудрость жизни — в цифрах, а потому он приветствует трехпуговичную мораль обожаемой Сесили. И так как он, О'Келли, и никто другой, был Змием, соблазнившим Кембла сойти с рельс прихода Сент-Инох, то...

О'Келли вытащил чек на пятьдесят фунтов и протянул Кемблу:

— ...Чтобы вы могли завтра же купить все свои остальные утюги...

И так как Кембл колебался, О'Келли добавил:

— Разумеется, взаймы. И я требую, чтобы вы сегодня же — сейчас же — написали мне вексель. Ну?

Это было головокружительно хорошо: значит — хоть завтра же... Руки у Кембл а дрожали, и голос дрожал:

— Я не умею говорить как вы, О'Келли... Но вы понимаете... Вы мой единственный друг, который — единственный...

И теперь — это было совершенно нелепо — Диди захохотала — и все выше и громче — сорвалась — и сквозь слезы:

— Не смейте брать, Кембл! Не смейте брать у него деньги! Не смейте, я не хочу, не хочу!

Впрочем, скоро она успокоилась и затихла. Вероятно, это был просто каприз: никаких резонов — почему не хотела — Диди сказать не могла.

— Вот видите: ваше шампанское,— укоризненно-ласково сказал Кембл мистеру О'Келли, О'Келли уходил с пасхально-барашковой Сесили под руку.

День рождения Кембла кончился — и завтра начнется новая жизнь: завтра искать маленький домик.

13

ТУМАННЫЕ ПРИКЛЮЧЕНИЯ

Диди опять обещалась зайти к мистеру О'Келли после театра, и О'Келли бегал по цветочным магазинам, разыскивая Easter lilies: Диди их так любила. Странный, фарфорово-белый цветок, из одного громадного, небрежно свернутого лепестка, и высунуто жало-тычинка с сухим, сладким, ленивым запахом. В асимметрии цветка и в противоречии фарфоровой белизны и запаха — было что-то раздражающее, как в о'келлиевской манере говорить. Словом — Easter lilies нравились Диди, и надо было их во что бы то ни стало достать. Сезон их уже проходил. И только на Кингс-стрит О'Келли посчастливилось найти последние, уже слегка увядающие, из пожелтевшего старого фарфора.

Со свертком под мышкой, насвистывая, выбежал О'Келли из магазина. Мысли весело пенились шампанским, и из искристой пены, как Венера, выходила Диди в черной пижаме.

"Впрочем, нынешняя Венера такой и должна быть: в пижаме. Нагота — слишком уж добродетельна..." — насвистывая, размышлял О'Келли.

— Добрый вечер, дорогой мистер О'Келли! Не правда ли, прекрасная погода?

О'Келли споткнулся: перед ним сияли золотые зубы викария Дьюли.

— Вы, вероятно, к себе — в контору? — чуть приметно улыбнулся Дьюли.

— То есть... почему в контору? — О'Келли немного смутился: никто не знал о том, что делалось по вечерам в конторе, и это было очень странно, что Дьюли... — Я не настолько ослино трудолюбив, чтобы работать еще и по вечерам... — непринужденно засмеялся О'Келли.

— А-а, так-так. Так значит... — Дьюли поднял тарелкообразную, пасторскую шляпу. И О'Келли снова весело покатился, придерживая под мышкой сверток с цветами.

Когда О'Келли свернул на Гай-стрит, уже темнело. В бесчисленных ущельях узких переулков между старыми домами — зажигались, покачивались фонари. С реки плыл туман, все теряло свой ежедневный облик, и легче было жить — легче было обмануться. В кузнице лязгало железо, фонари красновато дымились — и можно было поверить, что внизу, у

196

реки, собираются около костра латники Оливера Кромвеля. И что эта черная фигура — прекрасный и несчастный Риччио, пробирающийся к Марии Стюарт... О'Келли задумался, стоял, засунув руки в карманы.

Но Риччио обернулся — и О'Келли показалось: на нем плоская священническая шляпа. Что за странная встреча — или это все туман? О'Келли прильнул к витрине антикварного магазина и усиленно стал рассматривать позеленелый медный дверной молоток — уродливую собаче-человеческую голову. Потом осторожно перебежал на другую сторону и пошел следом за Риччио.

Да, это он: дощатая фигура, аккуратно сложенные позади руки — и пальцы, что-то отсчитывающие. Это был Дьюли, и переулок Сапожника Джона — пожалуй, довольно странное место для прогулок господина викария...

О'Келли нырнул в ближайший из проходов, сбежал к реке — по темному ущелью между высоких стен, и потом закоулками выбрался опять на Кингс-стрит.

Когда, прокружившись по улицам с час, О'Келли снова очутился против переулка Сапожника Джона — туман уже осел, и было ясно видно: нет никого. Через боковую, окованную железом дверь О'Келли вошел в дом.

При конторе О'Келли была маленькая сводчатая комнатка, окном в переулок, окно старое, узкое — бойница с решеткой. Теперь эту комнатку не узнать было: старые, выцветшие гобелены по стенам, два железных узорчатокованых фонаря — от антиквара напротив; очень низенький — на четверть от полу — турецкий диван во всю стену. И переливающиеся, неуловимые огоньки в камине, и Диди у огня — в своей черной пижаме, такая уютная.

Так вот лежать — прикованной к золотой игре огня, прихлебывать золотое, колючее вино и слушать — не слушать колючие слова О'Келли.

— ...Девочка моя, я именно этого и хочу, чтобы, поселившись с утюгами и Кемблом — вы стали несчастны. Счастье — одно из наиболее жирообразующих обстоятельств, а вам идет быть именно такою, тоненьким, стриженым девочко-мальчиком...

Рука О'Келли касалась так нежно, и откуда-то издали, устало видела Диди причудливо-противоречивые Easter lilies и слышала свой голос:

— Но это так жестоко — обманывать Кембла. Он — большое дитя.

— Жестоко? — засмеялся О'Келли.— Жестоко — детям

говорить правду. Если что меня убеждает в милосердии Божием — так это именно дарованная Богом ложь, именно то, что...

О'Келли не кончил: показалось — скрежетал замок в боковой двери, в переулке Сапожника Джона, а потом чьи-то шаги по каменной лестнице. Впрочем, О'Келли хорошо помнил, что дверь он запер на ключ: просто в старом доме бродила тень Сапожника Джона.

— ...Я не удивлюсь, если добрый Джон заявится сюда... — потянулся О'Келли.— Сегодня от тумана все так фантастично...

Диди ушла в театр и сказала Кемблу, что из театра ей надо кой-куда зайти. Кембл сидел один, не зажигая огня. За окном чокали капли, отчетливо и правильно, как часы. Когда совсем смерклось — пришла старушка Тэйлор и принесла письмо от леди Кембл: леди Кембл просила сына непременно прийти сегодня вечером. Явно, это было, наконец, давно жданное примирение. Все складывалось как нельзя лучше. Кембл мигом оделся и пошел.

Очевидно — ратификацию мирного договора леди Кембл хотела обставить очень торжественно: столовая была ярко освещена, и вокруг стола Кембл увидел миссис Дьюли, потиравшего руки викария и футбольноголового Мак-Интоша. Кембл радостно подошел к леди Кембл, но невидимая узда вздернула ее голову еще выше, она сделала величественный жест рукой — и сурово показала Кемблу на стул:

— Садитесь... — помолчала и подняла глаза к портрету сэра Гарольда в парике и мантии.— Боже мой, что сказал бы ваш покойный отец, сэр Гарольд...

Больше она говорить не могла: за нее говорил викарий — и кому же, как не ему, сказать все, как надо?

— Дорогой мистер Кембл! Мы пригласили вас сюда — потому что мы любим вас, ибо Христос заповедал любить и грешников. Мы вынуждены прибегнуть к крайним мерам для того, чтобы вернуть вас на правильный путь, И вы последуете сейчас за мной и мистером Мак-Интош... — и заметив, что Кембл хочет возражать, викарий добавил: — хотя бы ради вашей матери — взгляните на нее.

Леди Кембл молитвенно смотрела на портрет покойного сэра Гарольда, из глаз ее показались две скудные слезы — это было наибольшее, что она могла себе позволить, не нарушая приличий. Рядом сидела и дрожала в лихорадке миссис Дьюли, не поднимая глаз.

Кембл спокойно сказал:

— Хорошо, пойдемте... — Все это было, конечно, такая же

гнусная проделка, как письмо в голубом конвертике, и раз навсегда надо было с этим покончить.

Улицы были пустые. Ветер опять дул с реки, нагонял туман, окутывал крыши — и стены уходили вверх, в самое небо. Шли молча в ущелье из стен. Понемногу Кембл понял, что идут к конторе О'Келли. Ущелье все сдвигалось и давило, и ничего во всем мире не было, кроме стен до самого неба, и никуда нельзя было вырваться из стен: все идти, идти между стен — как во сне. И как во сне, не зная, знал Кембл, что ждет в конце пути.

В переулке Сапожника Джона, у окованной двери остановились. Наверху сквозь узенькую бойницу светил огонь.

— Ну-с? — торжествующе потирая руки, взглянул викарий на Кембла.

Как слепой ткнулся Кембл в окованную дверь.

— Заперто... — беспомощно обернулся он. Упрямый квадратный подбородок прыгал.

— О, не беспокойтесь, мы припасли ключ... — выскочила из тумана футбольная голова. Ключ был громадный, неуклюжий.— Вот французские ключи — это действительно культура, французского не подобрать... — добавил Мак-Интош.

Слышно было, как Кембл сделал по каменной лестнице два шага — и остановился. Секунду было тихо. Потом шаги загромыхали по лестнице, сливаясь в гул: Кембл бежал вверх. Потом хлопнула верхняя дверь, секунда тишины — и Кембл уже громыхал обратно, не разбирая дороги, с грохотом промчался мимо викария куда-то вниз, как огромный взбесившийся грузовик без руля.

14

ПЕРО СИСТЕМЫ УОТЕРМАНА

Утром Кембл, как всегда, тщательно выбрился и надел чистый воротничок. В зеркале с удивлением заметил, что он совершенно такой же, как всегда, разве только маленькие слоновые глазки стали побольше: за ночь под глазами легла темная тень.

В столовой Кембл взял газету и механически стал проглядывать объявления о сдающихся в наем домах — как это делал последние дни. Поймал себя на этом, усмехнулся, отложил газету. Выпил, как обыкновенно, две чашки кофе. Мазал хлеб маслом, но почему-то не ел, а складывал аккуратно на тарелке. И только когда заметил перед собой целую горку хлеба — сконфузился и ушел.

Было уже время идти в контору, но Кембл вернулся обратно в спальню. Заперся на ключ: еще раз все передумать и решить все с самого начала. Но в голове все колеса были мертвые и не двигались, и вместо мыслей было одно и то же: до боли ясный розово-черный переплет на груди у н е е — и смешные, кривые и тоненькие ноги у н е г о.

Когда прозвонили к завтраку, Кембл очнулся и понял: думать было совершенно нечего и незачем. Все уже решено кем-то, он шел теперь между высоких — до неба — каменных стен, и никуда нельзя свернуть, идти только вперед, до конца.

Кембл открыл ящик стола и вытащил старый, оставшийся от отца, револьвер с игольчатыми патронами. Потом написал на имя леди Кембл чек на тридцать фунтов, которые у него лежали еще в банке, порвал полученный от О'Келли чек на пятьдесят фунтов — и тут увидел: ручка, которою он писал, была ручка О'Келли — очевидно, О'Келли оставил ее тут в день рождения Кембла. Это была обыкновенная чернильная ручка системы Уотермана — "Waterman's-Fountain Pen" — и теперь ее, конечно, надо было вернуть О'Келли.

Кембл мучительно наморщил лоб: все остальное было определенно и просто, а это было страшно трудно — с ручкой Уотермана. Надо было отдать и что-то сказать при этом, и все это очень осложняло положение. Кембл сунул ручку в тот же карман пиджака, где лежал револьвер, и всю дорогу думал о ручке как бы это в самом деле...

И так, с озабоченным и наморщенным видом, вошел в кабинет О'Келли.

О'Келли сидел у себя в кабинете с бумагами так же как вчера, и все-таки было в нем что-то совершенно новое. Через секунду, приглядевшись, Кембл увидел О'Келли — не улыбался. Это было так же невероятно, как если бы вдруг перестал улыбаться фарфоровый мопс Джонни. Это был не О'Келли..

Растерянно Кембл опустил руку в карман, вытащил перо Уотермана и положил на стол.

— Вот... ваша ручка., вы ее забыли, я должен отдать...

О'Келли изумленно распялил глаза и переводил их с ручки Уотермана на растерянного Кембла и с Кембла на ручку. Потом стал красным, с минуту наливался смехом — и лопнул.

— Боже ты мой, перо Уотермана! Кембл вы — вы — неподражаемы.

Теперь это был т о т с а м ы й, это был О'Келли Кембл, не колеблясь, вытащил револьвер и выстрелил куда-то три раза. О'Келли медленно клонился вперед, пока не уткнулся лицом в бумаги.

Кембл не слыхал ни крика О'Келли, ни крика четырех его жен. Надел шляпу, вышел на улицу и, почувствовал: страшно устал, никогда в жизни не уставал так. Подошел на Гай-стрит к мирно дремавшему бобби:

— Я убил мистера О'Келли, адвоката. Пожалуйста, поскорей отведите меня куда надо: я очень устал.

Полицейский разинул рот и всем своим существом и округлившимися глазами так явно подумал: "сумасшедший", что Кембл добавил:

— Ну, подите и спросите в конторе, а я подожду. Только, пожалуйста, поскорей.

Через минуту полицейский и Кембл шли вместе вниз, по переулку Сапожника Джона. Шли молча между гладких, до неба поднимавшихся стен, и сквозь туман воспоминалось Кемблу: так — без конца — он уже шел когда-то между двух гладких, нескончаемых стен...

15

СЕРО-БЕЛАЯ ЧЕШУЯ

Осенний ветер бесился, свистел, сек. С моря наседала огромная серая птица, закрыла крылами полнеба, нагибалась все ближе, неумолимая, немая, медленная, и все больше темнело. Но толпа не расходилась: прошел слух, что убийцу могут помиловать. В самом деле, глядишь, имя и заслуги его отца, покойного сэра Гарольда — еще не были забыты, и очень легко могло статься, что...

— Долой сэров! — каркал кто-то упрямо и хрипло.— Небось этого солдата в прошлом году живо вздернули... Долой сэров!

Фонарь у входа в тюрьму дергался и качался, и белые стены пошатывались, готовые рухнуть. Правосудие было в опасности...

Из толпы вынырнула футбольная голова мистера Мак-Интоша. Он был взволнован, его голос дрожал.

— Господа, правосудие и культура нераздельны. Мы должны стать на защиту культуры. Господа, можно ли себе представить что-нибудь более дикое, чем обдуманное и рассчитанное убийство? И поэтому, к сожалению... Да, да, говорю: к сожалению — мы должны требовать казни...

— Долой сэров!

Ветер свистел. От фонаря легла длинная светлая полоса, и в этой полосе пестрой чешуей переливались лица, котелки, воротнички — медленным, бесконечным движением ползущей змеи. Слов уже было не разобрать: змея переливалась и сердито урчала.

Откуда-то, как выпущенная из клетки, пронеслась стая мальчишек — все босые и все в белых воротничках.

— "Джесмондская Звезда"! Экстренное прибавление! Помилование убийцы адвоката О'Келли!

— Как? Уже? Помиловали? — вцепились в белые листки.

Но речь шла только о возможном помиловании, и только прибавлялось, что, принимая во внимание заслуги покойного сэра Гарольда, это было бы более чем...

— Долой сэров!

— Господа, правосудие...

— Долой "Джесмондскую Звезду"!

Серо-белая чешуя быстрее переливалась под фонарем, змея зашуршала по асфальту, поползла к редакции "Джесмондской Звезды" и двадцатью кольцами развернулась перед темными окнами. В редакции никого не было.

Звякнул камень в стекло, брызнули и задребезжали осколки. Но окна были такие же пустые и темные. И темная, немая птица сверху нагнулась совсем близко.

Пора было идти по домам: в постелях уже нетерпеливо ждали голубые и розовые жены. Ждали, чтобы зажмурившись от страха и любопытства, спросить:

— Неужели — помилуют? Неужели... И потом вздрогнуть и прижаться пылко: как хорошо жить...

* * *

К ночи ветер неожиданно стих. И стало тихо и черно — как будто куда-то провалился весь мир. Бывает так, что крутится весь день потерянный человек, вздрагивает от звонков и смеется таким смехом, от которого страшно, а глаза западают все глубже, и только об одном мысль: ткнуться головой в подушку, провалиться в черное — уснуть. И вот такая была ночь: головой в черную подушку ткнулся день, провалился — ни света, ни звука.

К ночи миссис Дьюли стало как будто легче. Весь день было очень нехорошо: опять пропало пенсне — и весь день она бродила как слепая, спотыкалась и натыкалась на людей. И все как будто бегала за какими-то покупками, а придет в магазин — и покупать ничего не надо, и вовсе не то, а главное — все равно: зачем теперь покупать?

Обед был в шесть с четвертью — вместо шести, и викарий острыми треугольниками поднимал вверх брови:

— Дорогая моя, ведь это так просто: иметь запасное пенсне. И тогда у вас не было бы этого... этого странного вида. И был бы порядок, а вы знаете...

— Хорошо, я куплю завтра...— Миссис Дьюли вздрогнула и поправилась.— Послезавтра...

Потому что завтра... Кто же в мире будет что-нибудь покупать завтра — в тот день, когда там, в тюрьме, Кембла выведут во двор, поставят...

В спальне было темно, не надо было смотреть — может быть, оттого миссис Дьюли стало легче, и она неожиданно уснула.

Вероятно, спала только несколько минут. Проснулась, открыла глаза — и увидела белый фланелевый колпак викария: викарий, сложивши, согласно предписанию "Завета", руки на груди, мирно похрапывал. Все было черно и тихо, провалился весь мир. Вопить и кричать — никто не услышит и ничего не сделает: весь мир мирно спал, похрапывая, во фланелевом колпаке...

Неизвестно, сколько времени спал викарий, но только проснулся от воплей миссис Дьюли. Тотчас понял: "Страшный сон — скорее будить"... — сны никак было не подвести под расписание, викарий очень боялся снов.

Вероятно, миссис Дьюли спала очень крепко — она кричала все громче и только тогда затихла, когда викарий схватил ее за плечо холодной рукой.

— Я думаю, вам на ночь не надо ужинать, дорогая...

— Да, я думаю — не надо,— ответила в темноте миссис Дьюли.

Через пять минут викарий опять спал, мирно похрапывая. Все было черно и тихо.

16

ТОРЖЕСТВУЮЩЕЕ СОЛНЦЕ

Было назначено в половине десятого — и совершенно правильно: всякий культурный человек должен иметь время побриться и позавтракать, и в том, что назначено было в половине десятого, только сказывалось уважение одного культурного человека к другому — хотя бы и преступному.

Солнце было очень яркое. Солнце торжествовало — это было ясно для всякого, и вопрос был только в том, торжествовало ли оно победу правосудия — и, стало быть, культуры — или же...

Серо-белая чешуя тревожно шуршала и переливалась:

— Послушайте, господа, ничего еще не известно?

Нет, вчера ничего не получено, но, может быть,— сегодня утром... В конце концов все решит последний момент: зазвонит или не зазвонит в половине десятого тюремный колокол?

В тюрьму пробирался аккуратно выбритый розовый старичок, из тех, что имеют вид вкусный, как сдобные, хорошо подрумяненные пирожки.

Старичок постучал, обитая железом дверь в тюремной стене перед ним открылась.

Миссис Дьюли обернулась к викарию, она дышала коротко, часто

— Кто... кто это? Кто туда сейчас вошел?

— Ах, этот? Это, дорогая, м а с т е р.

Миссис Дьюли схватила викария за руки выше локтя, вцепилась в него изо всех сил:

— Вы... вы хотите сказать, что это тот, кто будет должен...

Викарий стряхнул ее руки:

— На вас сссмотрят. Я ничего не хочу сссказать. Вы не умеете владеть сссобой...

Миссис Дьюли замолкла... Возле нее сверкнули чьи-то часы:

— Без двух минут половина десятого.

Без двух минут... Чешуя напряглась, замерла, не шевелилась. Бифштексно-румяные посетители боксов и скачек не отрывались от часов. Равнодушно блестели медные трубы Армии Спасения. Румяное, упитанное, торжествующее выкатывалось солнце. Иней на крыше таял, и тикала капель — как часы, отчетливо отбивала секунды — до половины десятого.

И вот капнуло еще, и последняя капля: половина. Напряженная, стеклянная секунда — и... ничего: колокол молчал.

Сразу зашевелилась чешуя, заурчала, и все громче. Все были оскорблены: и любители бокса и скачек, и сторонники культуры.

Кипели и переливались. Вымахивали руки. Зловеще свивались и развивались кольца, и все еще чего-то ждали, не расходились.

Миссис Дьюли — без пенсне, в сбившейся набок шляпе — опять схватила за руку викария.

— Вы... вы... вы понимаете? Ведь, значит, он значит, его не... Вы понимаете?

Викарий Дьюли не слышал, он смотрел на часы было уже без двадцати десять.

Без четверти десять, когда уже больше не на что было надеяться — тюремный колокол вдруг запел медленным, медным голосом: капала с неба медная, мерная капель.

Миссис Дьюли закричала странным, неджесмондским голосом:

— Нет, нет, ради Бога, ради Бога! Остановите, оста...

Дальше уж не было слышно: чешуя бешено закрутилась, запестрела платками и криками. Солнце торжествовало, розовое и равнодушное. Трубы Армии Спасения играли тягучий гимн. Облегченно становились на колени: помолиться за душу убийцы.

А затем, когда все стихло, викарий Дьюли произнес речь — о необходимости проведения в жизнь "Завета Спасения". Все то, что случилось и замутило тихое течение джесмондской жизни — не было ли, наконец, самым убедительным аргументом? Если бы государство насильно вело слабые души единым путем — не пришлось бы прибегать к таким печальным, хотя и справедливым мерам... Спасение приходило бы математически неизбежно, понимаете — математически?

Прокричали cheers в честь викария Дьюли, гордости Джесмонда, и единогласно приняли резолюцию. Надо надеяться, что на этот раз билль о "принудительном спасении" наконец пройдет.

1917

* 9 7 8 1 6 4 4 3 9 8 2 7 2 *